사례로 배우는
법인 성공
노하우

— 사례로 배우는 —

법인 성공

노하우

양희정 지음

대림북스

옛말에 '알아야 면장(免牆)이다'라는 말이 있습니다. 이 말의 의미는 담벼락(牆)을 마주하고 있는 상황을 면하는(免) 것으로 답답함을 벗어난다는 것을 말합니다. 우리는 생활을 하면서 제대로 알지 못해 답답하고 불이익을 당하는 경우를 경험했을 것입니다.

필자는 20년 동안 많은 사업가, 자산가 등의 절세, 자산관리, 가업승계 등에 대해 상담을 하면서 안타까운 대표들의 사연을 많이 알게 되었습니다.

사업을 하는 대표의 경우에는 사업과 관련된 법인 회계에 대한 이해 부족, 정책의 변화에 대한 늦고 미흡한 대응, 세금 정책의 잦은 변화로 인한 세 부담의 증가, 급격하게 변화하는 노무 정책과 노무 관계, 현장에서 자주 발생하는 산재 발생 등에 노출되어 있습니다. 그런데 대부분의 중소기업 대표는 이런 부분에 대해 미리 준비할 수 없는 현실입니다. 그 이유는 준비하기 위해서는 추가적인 인력과 자금이 필요한데 중소기업에서는 현실적으로 어려운 경우가 많기 때문입니다. 그러다 보니 가지급금 발생, 차명주주의 존재, 필요 없이 많은 이익잉여금 등 많은 문제에 대해 임기응변 식으로 대처하는 경우가 많고, 그 과정에서 작은 문제들이 점점 커지게 되는 것입니다.

몸이 아프거나 다치면 빨리 적절한 수술과 치료를 통해 건강을 회복할 수 있듯이, 법인도 대표가 법인의 문제를 빨리 파악하고, 적절한 해결 방안을 도입한다면 적은 비용과 시간으로 문제를 해결할 수 있습니다. 그러나 많은 대표의 입장에서는 이런 문제가 긴급하지도, 중요하지도, 큰 문제도 아니라고 생각하는 경우가 많다는 것입니다. 그리고 그 심각성을 느꼈을 때는 이러지도 저러지도 못하는 경우가 다반사이고, 해결하기 위해서 많은 비용과 시간을 소비하는 것을 보면서 안타까움을 많이 느끼게 되었습니다.

이런 상황이 발생하는 이유는 중소기업의 많은 대표가 경영학이나 법인의 개념 등에 대한 공부를 충분히 하고 사업을 시작한 것이 아니라, 처음에는 개인사업자로 시작하고 규모가 커지면서 법인으로 전환해 사업을 하고 있는 경우가 대부분이기 때문입니다. 필자는 20년 동안 컨설팅을 일을 하면서 이런 중소기업 대표의 모습이 너무나 안타깝고, 힘들게 사업을 통해 번 돈과 문제를 해결하기 위해 시간을 의미 없이 낭비하지 않는데 조금이라도 도움이 됐으면 하는 마음으로 이 책을 썼습니다.

이 책은 필자가 20년 동안 수많은 법인 대표들을 상담하면서 도와주었던 부분을 사례 위주로 이해하기 쉽도록 썼으며, 내용 중 세금 부분에서 정확한 내용과 일부 다를 수 있는 부분이 있을 수 있습니다. 그런 부분에 대해선 정확한 세금 계산이 목적이 아니라, 그 흐름을 설명하기 위한 것임을 넓은 마음으로 이해해 주기를 바랍니다.

그리고 지인인 법인 대표의 이런 문제를 해결해 주고 싶어하는 보험 설계사들도 많이 있는데, 이들도 정확한 내용을 잘 몰라서 올바른 해결안을 제시해 주지 못하는 경우를 많이 보아 왔습니다. 그래서 이들이 스스로 공부해 본인의 역량을 키우고 나아가서 어려움을 겪는 법인 대표들에게 도움을 줄 수 있는 능력 있고, 성실한 보험설계사로 성장하는데 도움이 될 수 있는 자료로 활용되었으면 하는 마음이 이 책을 쓰게 된 또 다른 이유입니다.

이 책을 쓰기까지 상담을 하면서 본인의 애로사항, 경험 등을 말해 준 수많은 대표님들, 그리고 오랜 기간 함께 공부하고 토론하며 필자가 성장할 수 있도록 많은 도움을 준 교보생명 종합자산관리

팀의 김계완 팀장, 재무설계센터 배범식 파트장, 김용현 센터장, 김철수 센터장, 민만기 센터장, 김희곤 센터장, 최욱임 센터장, 이일강 센터장, 이현주 센터장, 김현석 전팀장, 박훈동 전팀장과 많은 웰스매니저에게 감사의 인사를 전합니다.

특히 책을 쓰면서 세금 부분에서 자문을 주셨던 문제언 세무사, 이상훈 세무사, 오경태 세무사, 양민수 세무사에게 진심으로 감사의 마음을 올립니다.

끝으로, 책을 쓰는 동안 따뜻한 격려를 해 준 아내 김선화, 20대의 날카로운 시각으로 조언해 준 아들 양선웅. 정말 고맙고 사랑합니다.

아무쪼록 이 책이 중소기업을 경영하는 대표님, 법인 보험영업을 제대로 하고자 하는 많은 보험 설계사 분들에게 도움이 되기를 기대합니다.

목차

법인 운영 시

1장 법인세 절세

🔍

2장 현명한 차명주주 정리 방법 🔍

3장 합리적인 가지급금 정리 방법 🔍

4장 이익 보상과 이익잉여금 조절 🔍

PART 03

법인의 출구 전략

2장 매각

3장 청산

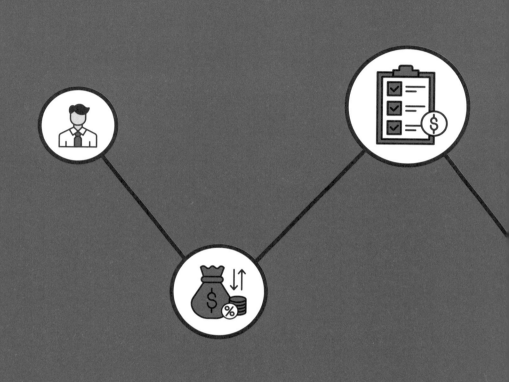

PART 01

법인 설립 시

법인을 설립하고 싶은데
어떻게 하면 되나요?

CASE

개인사업을 하고 있는 홍길동은 종합소득세가 많아 고민하고 있다. 주변에서 법인으로 사업을 하면 세금이 많이 줄어든다는 말을 들었다. 그런데 법인으로 사업을 하려면 어떻게 해야 하는지 몰라 고민하던 중 경영컨설턴트와 상담을 하게 되었다.

우리나라에선 사업자의 유형을 일반적으로 개인사업자와 법인사업자로 구분하고 있다. 많은 사람이 개인사업자로 사업을 하는 것은 어려워하지 않으나, 법인으로 사업을 하는 것에 대해선 꺼리는 것이 사실이다.

이는 법인에 대한 이해가 부족해서 생기는 오해라고 생각한다. 그중 가장 큰 오해는 자금 활용 부분이다. 법인으로 사업을 하면 회사가 번 이익을 대표가 마음대로 사용하지 못하는 것이 불편하다는 것인데, 이 부분은 어느 정도 타당성이 있다. 하지만 하나의 불편함 때문에 더 많은 이익을 포기한다는 것은 합리적이라고 할 수 없을 것이다.

그리고 법인에 대해 잘 알게 되면 불편하게 생각하는 부분은 점점 감소하게 될 것이다. 더 나아가 장점을 활용하면 개인사업자보다 절세 부분, 일하지 않는 자녀에 대한 합법적인 소득원 확보, 거래 상대방에 대한 신뢰도 제고 등에서 이익이 많다는 것을 알게 될 것이다.

법인에 대해 이해하기 위해선 먼저 개인사업자의 일생에 대해 이해할 필요가 있다. 개인사업자로 시작하려면 사람의 출생(주민등록번호가 있어야 함) ⇨ 사업자등록 ⇨ 사업 ⇨ 출구 전략(법인 전환, 승계, 폐업) 과정을 거쳐야 한다.

법인사업자도 이와 같은 과정을 거친다고 보면 되는데, 우선 출생에 해당하는 부분이 법인 설립이다. 설립 절차가 완료되면 13자리 숫자로 구성된 법인등록번호가 나오는데 여기까지는 법무사의 역할이다.

법인등록번호를 가지고 세무사가 사업자등록을 신청한 후 사업자등록증이 나오면 모든 에너지를 쏟아 사업을 하면 된다. 법인으로 사업을 오랫동안 하다 보면 법인도 개인사업자의 출구전략과

법인의 일생

같은 과정을 거쳐야 한다. 자녀에게 승계할 것인지, 제삼자에게 매각할 것인지, 폐업 후 청산할 것인지를 결정해야 한다.

법인의 생애 중 가장 중요한 과정이 설립 단계이며, 설립을 위해서는 요건을 충족해야 한다. 인적 요건인 주주와 임원, 물적 요건인 자본금, 그리고 제도적 요건인 정관이다.

설명의 편리를 위해 자본금에 대해 먼저 알아보자.

법인이 사업을 하려면 자금이 필요한데 법인 설립 시에 주주가 납입한 자금을 자본금이라고 한다. 우리나라의 경우엔 건설업 등 일부 업종을 제외하곤 자본금에 대한 제한이 없는데, 건설업에 제한을 둔 이유는 건설업은 불특정 다수의 이해관계인이 있다는 특징이 있다.

예를 들어 아파트 건설을 생각해 보자. 자본금 1,000만 원인 건설사가 많은 사람으로부터 계약금을 받고 공사를 하던 중 사정이 안 좋아지면 야반도주할 수도 있다. 그러면 법인을 설립한 사람들은 1,000만 원만 포기하면 되지만, 수많은 사람이 피해를 볼 수 있다. 이런 상황을 예방하고자 건설업 등 일부 업종에 대해 자본금의 기준을 정하고 있다.

그럼 자본금은 많은 것이 좋을까, 적은 것이 좋을까?

자본금이 적으면 주주들의 자금 마련이 수월할 수 있으나, 법인에서 초기에 활용할 수 있는 자금이 부족할 수 있다. 이 과정에서 부채가 발생하면 부채비율이 상승하게 되어 법인의 신용평가에 부정적인 영향을 준다.

부채비율 예시)

자본금 1,000만 원, 부채 1억 원 ⇨ 부채비율 1,000%

자본금 1억 원, 부채 1억 원 ⇨ 부채비율 100%

  예시를 보면 부채 금액은 같지만, 자본금에 따라 부채비율이 10배 차이가 나게 되어 법인의 신용도가 하락하게 된다. 반대로 자본금을 많이 설정하게 되면 주주들이 자금 마련에 힘들어할 수 있어 적절한 규모로 설정할 필요가 있다. 따라서 자본금의 규모는 보통 사업장의 전세보증금과 3~6개월 정도의 예상 운영비 정도로 하는 것이 합리적이다.

법인 설립의 요건

법인의 주주는
몇 명으로 하는 것이 좋은가요?

홍길동은 법인을 설립하기로 결심하고 경영컨설턴트와 상담하던 중 주주를
몇 명으로 하는 것이 좋은지에 궁금증을 갖게 되었다.

주주란 자금을 모아 법인을 설립한 사람을 말한다. 자금을 함께
모으는 사람들이기 때문에 주주 상호 간은 동업자라고 할 수 있다.
과거 법인으로 사업을 하고자 하는 자는 여러 명의 주주를 모집해
야만 했다. 발기인(주주) 7명(1996년 9월 30일 이전 설립) 이상, 발기
인 3명(2001년 7월 23일 이전 설립) 이상을 요구했다. 이런 발기인
기준이 현실과 맞지 않아 현재는 발기인(주주) 1인도 가능하다.

1인 주주도 가능하지만, 되도록 주주를 여러 명으로 하되 가족
위주로 하는 것이 유리하다. 1인 주주인 경우엔 각종 의사결정 신
속성과 각종 서류를 준비하는 부분에서 주주가 여러 명인 경우보
다 간편하고 수월하다.

하지만 법인은 1년 단위로 영업 결과에 대해 결산하고, 주주들은

그 결과를 지분율에 따라 이익 분배를 받을 수 있는데, 이를 배당금이라고 한다.

배당금을 받으면 배당소득세를 납부하는데, 주주가 1인이면 단독으로 많은 배당금을 받을 가능성이 크다. 배당금이 2,000만 원을 초과한다면 2,000만 원까지는 14%의 세율이 적용되고, 초과 부분에 대해서는 다른 소득과 합산해 종합과세를 하게 되어 더 높은 세율이 적용되어 많은 배당소득세를 납부해야 한다. 하지만 주주가 여러 명이면 1인당 수령할 수 있는 배당금이 적어지지만, 낮은 세율이 적용되어 1인 단독으로 배당금을 받는 것보다 적은 배당소득세를 납부하게 된다.

예를 들면 급여가 1억 원인 1인 주주가 8,000만 원의 배당금을 받으면 계산 시 배당소득세는 배당금 2,000만 원까지는 세율이 14%이고, 초과분인 6,000만 원은 급여 1억 원과 합산하여 세율 38%가 적용한다. 그 결과 [(2,000만 원×14%)+(6,000만 원×38%)=2,560만 원]의 배당소득세를 납부해야 한다. 하지만 4명이 2,000만 원씩 배당금을 받으면 1인당 납부할 배당소득세는 280만 원이다. 4명이면 총 납부할 배당소득세가 1,120만 원이어서 1인이 8,000만 원을 배당받는 것보다 세금이 매우 적다.

금융소득(이자+배당금) 종합과세 계산 방식

2,000만 원 초과분
다른 종합소득과 합산해 종합과세
- 계산식은 종합소득세 계산 프로세스 참조

2,000만 원까지 14%

종합소득세 계산 프로세스

종합소득	이자소득	배당소득	사업소득	근로소득	연금소득	기타소득
–	0	(+) GROSS- UP	필요경비	근로소득 기본공제	연금소득 기본공제	필요경비
=	이자 소득금액	배당 소득금액	사업 소득금액	근로 소득금액	연금 소득금액	기타 소득금액
+	종합소득금액					
–	소득 공제					
=	과세표준					
×	세율					
=	산출세액					

과세표준 구간별 적용 세율

과세표준	세율	누진공제*	비고
1,400만 원 미만	6%		
1,400만~5,000만 원	15%	126만 원	
5,000만~8,800만 원	24%	576만 원	
8,800만~1억 5,000만 원	35%	1,544만 원	각 세율의 10%에 해당하는
1억 5,000만~3억 원	38%	1,994만 원	지방소득세 추가 발생함
3억~5억 원	40%	2,594만 원	
5억~10억 원	42%	3,594만 원	
10억 원 초과	45%	6,594만 원	

※ 누진공제는 산출세액을 빠르고 정확하게 계산하기 위해서 사용한다.
　예를 들어 과세표준이 7,000만 원인 경우엔 산출세액을 과세표준에 따라 구간별로 세금을 계산하면
　[(1,400만 원×6%=84만 원)+(3,600만 원×15%=540만 원)+(2,000만 원×24%=480만 원)]
　이렇게 3번을 계산해 합산 1,104만 원의 산출세액을 계산한다.
　하지만 누진공제를 활용하면 [7,000만 원×24%-576만 원=1,104만 원]을 쉽고 간단하게 계산할
　수 있다.

03

미성년자인 자녀도
주주가 될 수 있나요?

홍길동은 주주에 미성년자인 자녀를 포함하라는 말에 고민이 많다. 혹시 사업을 하다가 실패할 경우 주주인 자녀들에게 불이익은 없을지…. 그리고 자녀가 주주가 되면 이익이 되는 부분은 무엇인지 등에서 말이다.

　주주는 자본금을 납입한 자로, 자본금을 납입할 수 있다면 누구나 주주가 될 수 있다. 아직 미성년자인 자녀들은 자본금을 납입할 자금이 없기 때문에 부모가 증여를 통해 주주가 될 수 있다. 상속세 및 증여세법에 의하면 10년 동안 부모가 성인 자녀에게 5,000만 원, 미성년 자녀에게 2,000만 원까지 증여세 없이 증여할 수 있기 때문이다. 따라서 미성년 자녀도 부모로부터 지분율에 해당하는 자본금만큼을 증여받으면 주주가 가능하다.

　그리고 법인이 잘못될 경우 주주인 자녀들에게 불이익이 될 수 있는 부분에 대해선 크게 걱정할 필요가 없다. 왜냐하면 주식회사의 주주는 유한책임(예외적으로 과점주주의 2차 납세의무 있음)을 지는데, 이는 법인이 잘못되더라도 주주가 투자한 자본금만 포기하면 되는 것이다.

만약 법인이 잘못될 것으로 예상된다면 대표가 가장 먼저 알게 될 것이기 때문에 자녀들의 지분을 대표가 인수해 자녀들을 책임으로부터 자유롭게 할 수 있다. 따라서 자녀가 법인의 주주가 되는 것에 대해 큰 부담을 가질 필요는 없다.

그럼 주주의 지분 구성을 부모와 자녀 중 누구의 지분율을 높이는 것이 좋을까?

많은 대표가 당연히 대표의 지분이 높아야 한다고 생각하지만, 특수한 경우(여성기업인 우대 적용 등)를 제외하곤 자녀들의 지분을 높게 해 줄 것을 권유한다. 상황에 따라서 증여세가 발생할 수도 있다. 예를 들어 자본금 1억 원인 법인을 설립할 때 30% 지분을 미성년자인 자녀에게 증여할 경우 증여세가 100만 원[(3,000만 원-2,000만 원)×10%]이 발생한다.

증여세는 처음 지분을 줄 때 1회만 납부하면 되지만, 이후 배당 시 배당소득세 절세 효과는 지속적으로 발생한다. 그러니 증여세를 납부하더라도 지분을 많이 줄 것을 권유한다.

수증자별 증여공제 한도

수증자	공제 한도액	비고
배우자	6억 원	
직계존속	5,000만 원	
직계비속	성인 5,000만 원 미성년자 2,000만 원	혼인, 출산의 경우 1억 원 추가 공제
기타 친족	1,000만 원	

상속세 및 증여 세율

과세표준	세율	누진공제
1억 원 미만	10%	
1억~5억 원 미만	20%	1,000만 원
5억~10억 원 미만	30%	6,000만 원
10억~30억 원 미만	40%	1억 6,000만 원
30억 원 이상	50%	4억 6,000만 원

미성년 자녀가 주주가 되면
무엇이 좋은가요?

　자녀들의 지분을 높게 할 경우 이익이 되는 부분은 배당소득세 절세와 자녀들의 합법적인 소득원을 확보해 자금 출처를 확보할 수 있다는 것이다.

　법인 사업이 안정기에 진입하면 배당할 가능성이 크고, 지분율에 따라 배당금을 받는 균등배당이 원칙이다. 즉 지분율이 높은 주주가 많은 배당금을 받게 되는데, 만약 부모의 지분율이 높다면 부모는 많은 배당금 외에도 법인의 급여소득, 혹은 임대소득 등 다른 소득이 있을 가능성이 높다.

　앞에서 살펴본 것처럼 배당금에 대해 2,000만 원까지는 14%, 2,000만 원 초과된 배당금에 대해선 다른 소득과 합산해 종합과세 하기 때문에 높은 소득세율이 적용되어 많은 세금을 납부해야 한다. 하지만 자녀들의 경우엔 배당금 외에 다른 소득이 없을 가능성이 크기 때문에 배당금 1억 2,000만 원까지는 실질적으로 세율

자녀들의 지분율이 높으면 좋은 점

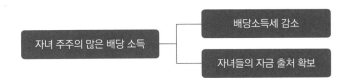

14%(GROSS-UP과 배당세액공제 적용 시)로 계산한 배당소득세만 납부하면 되므로 세금이 상대적으로 적다.

예를 들어 부(父)인 홍길동이 1인 주주이고 대표로서 연봉 1억 원이 책정된 상황에서 배당금을 8,000만 원 수령한다면 앞에서 본 것처럼 2,560만 원의 배당소득세를 납부해야 한다. 하지만 다른 종합소득이 없는 자녀의 경우엔 1,120만 원의 배당소득세만 납부하면 되기 때문에 세금이 상당히 감소하게 된다.

또한 자녀들은 이렇게 수령한 배당금을 합법적인 소득원으로 입증할 수 있기 때문에 부동산 등 자산을 취득할 때 자금 출처로 활용할 수 있다. 자금 출처로 인정받을 수 있는 자금은 소득세를 납부한 소득, 증여 신고한 자산, 대출받은 자금 등이기 때문이다.

지금 10대 자녀가 지금부터 배당소득을 저축한다면, 30대에 부동산 등을 취득할 경우 자금 출처를 무리 없이 소명할 수 있게 된다. 그런데 이런 합법적인 소득원이 없다면 그 시점에 많은 증여세를 납부하면서 증여하든지, 또는 이자를 부담하면서 대출을 받아야 하는 불이익이 따르게 된다.

미성년 자녀의 지분율이 높아 배당금을 2,000만 원 이상 수령하면, 자녀는 건강보험료 지역가입자로 편입되어 건강보험료를 납부

할 수 있다. 하지만 부모의 지분율이 높았다면 부모의 건강보험료
가 더 늘어났을 것이기 때문에 가족 전체로 보면 건강보험료는 큰
변화가 없다고 할 수 있다.

언제 자녀에게
지분을 주는 것이 좋은가요?

CASE

홍길동은 자녀를 주주로 했을 때 이익이 크다는 부분에 대해선 충분히 이해했다. 하지만 법인을 급하게 설립하게 되어 지분을 언제 주는 것이 좋은지 고민하고 있다.

주주가 되기 위해서는 소득이 있는 자녀는 자신의 소득으로 자본금을 납입하면 되고, 소득이 없는 자녀는 부모가 지분을 증여해야 한다. 이 경우 증여세가 발생하는데, 증여세를 적게 납부하고 싶다면 기업가치가 낮을 때 증여하는 것이 현명하다.

그럼 언제 기업가치가 가장 낮을까?

바로 법인 설립 시점이다. 이때는 자본금이 기업가치이기 때문에 설립 시점에 자녀들을 주주로 참여시킨다면 증여세가 없든지, 아니면 적은 증여세를 납부하면서 많은 지분을 자녀들에게 줄 수 있다.

설립 시점을 놓쳤다면 법인 설립 후 3년 경과 전이 기업가치가 낮은데, 이는 비상장 법인의 기업가치 평가 방법 때문이다. 비상장법인의 기업가치 평가는 순이익 가치와 순자산 가치를 60%:40%(부동산 과다 법인은 반대)의 비율로 가중 평가한다. 그런데 설립 후 3년이 경과하지 않은 법인은 순자산 가치로만 평가하기 때문에 기업 가치가 낮게 평가될 수 있다. 다음 예시에서 보면 3년 후 기업 가치가 기업의 순자산인 4억 원보다 높은 7억 7,500만 원으로 평가되는 것을 알 수 있다.

3년이 경과하면 순이익 가치와 순자산 가치를 60%:40%(부동산 과다 법인은 반대)의 비율로 가중 평가하는데, 이는 법인의 순자산보다는 순이익이 기업 가치에 더 많은 영향을 끼친다는 것이다. 그리고 순이익 가치는 3년 동안의 당기순이익에 가중치를 달리 적용해 평가한다. 직전 1년의 당기순이익에는 3배, 직전 2년의 당기순이익에는 2배, 직전 3년의 당기순이익에는 1배의 가중치를 적용해서 평가한다.

이 평가 방식은 최근의 이익이 많으면 기업 가치가 높게 평가되고, 이익이 적으면 기업 가치가 낮게 평가된다. 이런 평가 방식을

비상장 법인의 기업가치 평가 예시

구 분	설립 시	1년 결산 후	2년 결산 후	3년 결산 후
자본금	1억 원	1억 원	1억 원	1억 원
순이익		1억 원	1억 원	1억 원
순자산	1억 원	2억 원	3억 원	4억 원
기업가치	1억 원	2억 원	3억 원	7억 7,500만 원

활용해 지분 증여 시기를 결정할 수 있다. 올해 이익이 전년보다 많을 것으로 예상된다면 증여 시기를 지금, 이익이 전년보다 적을 것으로 예상된다면 증여 시기를 내년 4월 이후로 늦추는 것이 합리적이다.

하지만 사업에는 많은 변수가 있고, 사업에 몰입하다 보면 증여 시기를 놓치는 경우가 많다. 따라서 지분 증여는 지금 당장 하는 것이 합리적이고 실현 가능성이 크다.

법인의 임원은
무엇을 하는 사람인가요?

법인을 설립하려는 홍길동은 임원을 누구로 할지, 그리고 몇 명을 할지 고민하고 있다.

주주가 자금을 투자한 사람이라면, 임원은 열정과 땀을 투자해 실질적으로 일하는 사람이다. 비상장 법인의 임원은 법인등기부등본에 등기되어 있는 사내이사와 감사를 말한다.

사내이사는 회사에 적을 두고 사내의 의사결정을 하며 경영을 하는 사람이며, 사내이사가 2인 이상이면 대표이사를 선임해야 한다. 감사는 회사의 업무와 회계를 감시하는 사람으로서 사내이사와 대표이사의 업무를 감시하는 자이다. 단, 자본금이 10억 원 미만인 법인은 감사를 두지 않아도 된다. 하지만 법인 설립 시에는 조사 보고서를 작성해야 하는데, 이를 주주가 아닌 감사가 담당한다.

그래서 신설 법인의 경우엔 감사가 있는 경우가 대부분인데, 감사로 지정된 사람이 실질적으로 경영을 하고 있다면, 법인 설립 이

임원의 일과 보상 방법

후 사내이사로 변경 등기하는 것이 합리적이라고 할 수 있다.

또한 함께 일하고 있는 배우자나 자녀가 있다면 사내이사로 등재 시킬 것을 권유한다. 임원이 되면 급여를 합리적으로 인상해 줄 수 있다. 또한 임원의 경우엔 임원 퇴직금 지급 규정을 적용해 향후 퇴직 시 많은 퇴직금을 지급할 수 있다. 이는 임원과 직원의 퇴직금 기준이 다르기 때문이다.

예를 들어 자녀가 임원인 경우와 직원인 경우 퇴직금을 비교해보자(월 500만 원, 10년 근무).

- 직원인 경우 ⇨ 연 6,000만 원×1/12×10년=5,000만 원(근로자 퇴직급여보장법 제15조 기준)
- 임원인 경우 ⇨ 연 6,000만 원×1/10×10년×2배(정관 규정)=1억 2,000만 원(법인세법시행령 제44조 기준)을 각각 수령한다.

반대로 실제로 직원의 일을 하는데 사내이사로 등기된 직원이 있다면 사내이사에서 해임 후 직원으로 두는 것이 좋다. 이 직원이 퇴직한다면 임원 퇴직금 지급 규정에 따라 퇴직금을 지급해야 하

는 부담이 생길 수 있으며, 다른 직원들과의 형평성 문제도 발생할
수 있기 때문이다.

그리고 그 직원이 법인의 차명주주라면 꼭 사내이사에서 뺄 것을
권유한다. 그 이유는 차명주주 정리 부분에서 설명하도록 하겠다.

07

정관 변경은 꼭 해야 하나요?

법인을 운영하고 있는 홍길동은 정관 변경을 해야 한다는 말을 주변 대표들로부터 들었다. 하지만 정관을 변경하지 않고도 지금까지 사업을 잘해 왔는데 정관 변경을 꼭 해야 하는지 의문이 들었다.

정관은 법인, 공익법인, 각종 협동조합 등의 목적과 조직에 대한 업무 집행을 규정하는 자주적이고 근본적인 규칙을 말한다. 법인의 입장에서는 나라의 헌법과 같은 존재라고 할 수 있다. 법인 설립 시에는 반드시 정관을 법원에 등록해야 하고, 정관을 등록하지 않으면 법인이 설립되지 않는다. 우리나라에는 업종별 표준 정관이 있어, 법무사가 법인 설립 시 대표와 면담을 통해 표준 정관 내용 중 대표 법인에 해당하는 부분만 수정 후 등록하는 것이 일반적이다.

정관 규정의 성격을 분석해 보면 다음과 같다.

첫째, 절대적 기대사항

이는 정관에 반드시 기재되어야 하고, 하나라도 누락할 경우 정관 자체가 무효가 되고 결과적으로 법인 설립 자체가 무효가 되는 성격의 규정이다.

둘째, 상대적 기재사항

상법에 규정이 있지만 꼭 기재할 필요는 없고, 정관에 기재되어야 효력이 발생하는 성격의 규정이다.

셋째, 임의적 기재사항

상법에 규정은 없으나 상관습을 포함한 제 사회 상규(강행법규)에 반하지 않은 규정으로 정관에 명시되어 있으면 법인 규범으로서의 효력이 있는 성격의 규정이다.

보통 정관 변경은 상대적 기재사항과 임의적 기재사항에 대한 변경 또는 규정을 신설하는 것을 말한다. 이런 규정들은 정관에 규정이 있으면 적용을 받아 혜택을 볼 수 있고, 없으면 혜택을 받지 못한다. 따라서 정관 변경은 꼭 해야 하는 것은 아니고, 할 수 있는 옵션이라고 생각하면 된다. 단, 정관 변경을 하면 임원과 주주에게 유리한 부분이 많이 있다.

정관 변경의 절차는 주주총회의 특별 결의로 한다. 특별 결의는 출석한 주주의 의결권 3분의 2 이상의 수와 발행주식 총수의 3분의 1 이상의 찬성으로 한다. 이후 내용 중 등기해야 할 사항(주식매수선택권, 주식의 양도 및 제한, 주식의 소각)은 등기해야 한다. 마지막

정관 규정 구분과 내용

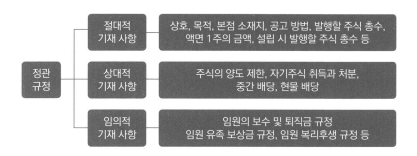

으로 공증은 필수사항은 아니다. 정관변경은 주주총회의 의결만으로도 효력이 발생하기 때문이다. 하지만 정관변경의 증거력 확보를 위해 공증을 받는 것이 효과적일 수 있다.

그럼 정관 변경을 반드시 해야 하는가?

그렇지 않다. 물론 사업 목적 추가 등 절대적 기재 사항의 변화가 있는 경우에는 정관 변경을 꼭 해야 하지만, 정관 변경을 하지 않았다고 해서 사업에 지장이 있지는 않다.

하지만 이렇게 생각해 보면 정관 변경의 필요성을 이해하기 쉽다.

정관 규정을 제정하는 이유

승용차가 꼭 필요해 자동차 판매 매장에 갔는데, 기본형 모델밖에 없다면 어쩔 수 없이 그 기본형 모델의 자동차를 구입할 수밖에 없다. 하지만 기본형은 불편한 부분이 많다. 이럴 때 생각나는 부분이 옵션 추가이다. 정관 변경이란 이런 옵션의 추가로 생각하면 된다. 꼭 하지 않아도 되지만 하면 편리하다.

08

구체적으로 정관의
어떤 내용을 변경하나요?

먼저 상대적 기재 사항 중 변경할 내용과 이유에 대해 알아보자.

첫째, 주식 양도의 제한 규정

이는 회사의 주식을 타인에게 양도하는 경우 이사회의 승인을 얻어야 한다는 규정이다. 이 규정의 목적은 소규모 법인의 경우 주주와 발행주식의 수가 적어 약간의 주식 취득만으로도 경영권을 뺏고 뺏길 수 있다. 이런 현실에서 경영권을 보호하기 위함이고, 특히 주주 중에 남이 있거나, 차명주주가 있는 경우에 안전장치로 만드는 규정이다. 정관에 이 규정이 있는 경우에는 법인 등기부 등본에 그 내용을 등기해야 하고, 등기하지 않았을 경우에는 향후 과태료가 발생할 수 있다.

둘째, 주식매수선택권 규정

일명 스톡옵션이라고 한다. 법인 임직원들의 동기부여를 위해 법인의 주식을 시가보다 낮은 가격으로 매수할 수 있는 제도이다. 이를 위해선 법인이 자기주식을 가지고 있어야 한다.

셋째, 자기주식의 취득과 소각 규정

이 규정이 필요한 이유는 먼저 앞에서 본 스톡옵션 부여를 위해서는 자기주식을 보유하고 있어야 한다. 또한 많은 미처분 이익잉여금을 줄이기 위해 이익 소각 또는 유상감자를 할 수 있는데, 이를 위해 정관에 자기주식 취득과 소각 관련 규정이 있어야 한다. 정관에 이 규정이 있는 경우에는 법인 등기부 등본에 그 내용을 등기해야 하고, 등기하지 않았을 경우에는 향후 과태료가 발생할 수 있다.

넷째, 중간 배당 규정

일반적으로 이익 배당을 한다는 것은 법인의 결산 후 4~5월에 하는 정기 배당을 말한다. 하지만 분기 배당 등 다른 시기에 배당하고자 한다면 정관에 중간 배당이 있어야 한다.

다섯째, 현물 배당 규정

배당금은 현금으로 지급하는 것이 원칙이다. 하지만 법인의 사정상, 그리고 법인과 주주의 합의가 있다면 법인의 보유하고 있는 다른 자산으로 배당할 수 있다는 규정이다. 대표적인 자산이 법인이 보유하고 있는 주식 또는 보험 계약이다.

다음으로 임의적 기재 사항의 정관 변경 내용과 이유에 대해 알아보자. 이 부분은 보통 각종 규정을 제정하는 것을 말한다.

첫째, 임원 퇴직금 지급 규정

「법인세법시행령제44조」에 의하면 임원 퇴직금의 손비 인정 한도가 있다. 1순위가 정관 규정, 2순위가 [직전 1년 총급여의 10%×재직 연수]로 되어 있다. 1순위의 정관 규정이란 임원 퇴직금 지급 규정에 배수를 정하는 것이다. 임원 퇴직금 지급 규정이 없으면 2순위가 적용되어 퇴직금을 적게 받는다.

중소기업의 임원은 직원들보다 업무에 대한 스트레스와 회사에 대한 기여도가 더 크다. 특히 법인을 설립한 대표이자 주주인 경우에는 부담감이 더 크고, 자신의 모든 것을 헌신해 경영하고 있다. 임원 퇴직금은 이런 부분에 대한 공로 보상의 성격이 있다. 만약 공로 보상을 하면서 세금을 많이 납부하라고 한다면 그 의미가 퇴색될 수 있을 것이다.

그럼 임원의 퇴직금 지급 규정을 제정하고 보다 많은 퇴직금으로 공로 보상을 하는 이유는 무엇일까?

퇴직금이 다른 소득보다 납부할 세금이 적기 때문이다. 퇴직금은 소득의 발생 원리가 다른 소득과 다르기 때문에, 다른 소득과 합산하지 않는 분류과세를 적용한다. 그리고 세금을 계산하는 과정에서 연분 연승 방식을 선택해 다른 종합소득보다 세금 부담이 상당히 적다. 이렇게 계산하는 이유는 퇴직금의 성격이 다른 소득과 다르기 때문이다. 퇴직금은 재직 기간 동안 매년 발생하고, 수령만 퇴직 시에 일시금으로 받는다. 그런데 이런 성격의 퇴직금을 퇴직하는 해의 소득으로 보아 세금을 계산하고 납부하는 것은 합리적이지 않다.

소득세 구조

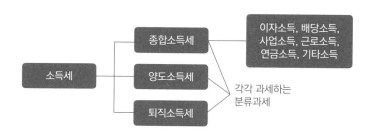

우리나라에서 세금을 합법적으로 절세할 수 있는 기본적인 방법은 소득을 분산하는 것이다(배당소득세 절세 참고: 1인 주주와 4인 주주의 세금 차이). 그런데 퇴직소득은 종합소득, 양도소득과 합산하지 않고, 개별적으로 과세하는 분류과세를 선택하고 있어 그 부분만으로도 소득이 분산되어 절세 효과가 높다고 할 수 있다.

이렇게 퇴직금의 절세 효과가 좋다 보니 과거에는 급여를 적게 책정하고,배수를 과도하게 높게 책정해 많은 퇴직금을 수령해도 적은 퇴직소득세를 납부할 수 있었다. 하지만 이런 부분이 조세 형평에 어긋난다고 판단해 과세 당국이 소득세법을 개정해 정관의 규정대로 퇴직금을 수령했다 해도 퇴직소득세를 적용하는 한도를 설정했다.

그 한도는 재직 기간이 임원 취임 후~2011년까지는 정관 규정대로 지급하면 모두 퇴직소득세를 적용한다. 하지만 재직 기간이 2012~2019년인 경우에는 정관 규정에 따라 퇴직금을 수령했다고 하더라도 3배까지만 퇴직소득세를 적용하고, 초과된 부분에 대해서는 상여로 간주해 종합소득세를 납부한다.

마지막으로 2020년 이후 재직 기간에 대해서는 정관 규정에 따라 퇴직금을 수령했다고 하더라도 2배까지만 퇴직소득세를 적용하고, 초과된 부분에 대해서는 상여로 간주해 종합소득세를 납부한다. 결국 퇴직금에 대한 세금을 더 납부해야 하는 과정으로 세법이 개정되었다. 그래도 여전히 퇴직금이 다른 소득보다 세금이 적다는 것은 부인할 수 없다.

임원 퇴직금 한도 5배에 대한 퇴직소득세 적용 한도 변화

둘째, 임원 보수 및 상여금 지급 규정

이 규정을 제정하는 이유는 손금산입(세법상 비용처리 인정)을 인정받기 위해서다. 「법인세법시행령」제43조를 보면 규정이 없는 상태에서 법인 자금이 유출되는 경우 법인세에 영향을 끼치므로 손금불산입(세법상 비용처리 불인정) 처리될 수 있다. 즉 임원의 급여, 상여금을 지급할 때 규정이 없는 상태에서 지급하면 전액 손금불산입된다(법령43조 2항, 서이46012-10090, 2001.9.3.). 그러면 법인에서는 자금이 유출되었지만, 비용으로 인정받지 못해 법인세 감소 효과를 볼 수 없고, 자금을 수령한 임원은 소득세를 납부해야 한다.

셋째, 임원 유족 보상금과 임원 장해 보상금 지급 규정

법인의 대표이사를 비롯한 임원은 산재보험의 대상이 아니다. 만약 임원과 직원이 출장 중에 교통사고로 사망하는 사고가 발생했다고 가정해 보자. 직원의 경우 산재 처리되어 근로복지공단에서 유족 보상금을 지급할 것이고, 유가족은 그 직원의 나이를 고려해 일실소득(정년까지 재직 시 수령할 수 있는 급여 등)이 발생했다면 회사를 상대로 손해배상청구를 할 수 있다.

이렇게 수령한 자금은 유가족의 안정적인 생활을 하는 데 도움이 될 수 있다. 하지만 임원의 경우에는 산재보험 가입 대상이 아니기 때문에 근로복지공단에서 보상받을 수 없다. 그리고 유가족은 자기 가족의 회사를 상대로 손해배상청구를 할 수도 없을 것이다.

대표이사 등 임원은 직원보다 책임감이 강하며, 더 많은 에너지를 쏟고, 더 열정적으로 일한다. 회사가 어려워지면 직원은 다른 직장을 알아보겠지만, 임원은 어떻게 하더라도 회사를 살리기 위해 노력할 것이다. 하지만 임원의 이런 헌신에 대해 제도적으로 보상해 주는 제도가 없다. 그래서 이런 경우 임원의 공로 보상 측면에서 퇴직금과 별개로 유족보상금을 지급해 유족의 생활 안정을 도모할 수 있는 규정이 임원 유족 보상금 지급 규정이다. 같은 맥락에서 임원이 업무 중 사고 등에 의해 장해가 발생한 경우에도 그 장해를 치유하기 위해 법인에서 보상금을 지급하도록 하는 임원 장해 보상금 지급 규정이 있다.

이런 규정을 제정함에 있어 주의해야 할 부분이 있다. 특정인만을 대상으로 제정한 규정은 과세 당국으로부터 세무조사 등의 상황이 발생했을 때 인정받지 못할 가능성이 크다. 따라서 불특정 다

수의 임원을 대상으로 해야 한다.

09

왜 법인으로 사업을 하면
개인사업자보다 세금이 적은가요?

개인사업자여서 종합소득세를 많이 납부하고 있는 홍길동은 법인으로 전환하면 세금을 많이 줄일 수 있다는 말을 들었다. 그런데 정말 맞는 말인지 확신이 서지 않아 법인 전환을 미루고 있다. 가족은 배우자(주부), 미성년 자녀 2명이다.

결론부터 말하면 법인으로 전환하면 개인사업자일 때보다 전체적인 세금을 합법적으로 줄일 수 있다. 우리나라의 소득세 구조는 소득이 많으면 높은 세율이 적용되는 누진세율 구조다. 이런 구조에서 절세를 위한 첫걸음은 소득을 한 사람으로 집중하지 말고 여러 사람으로 분산하는 것이다.

쉽게 설명하면, 만약에 소득이 1인에게 집중되어 과세표준이 2억 원이면 [(2억 원×38%)-1,994만 원=5,606만 원]의 소득세를 납부해야 한다. 그런데 이를 2명으로 나누어 1명당 1억 원의 과세표준이라면 [(1억 원×35%)-1,544만 원=1,956만 원]이고, 2명이 납부할 총액이 3,912만 원이다.

　이를 더 나누어 보자. 4명으로 나누면 1명당 5,000만 원의 과세표준이라면 [(5,000만 원×24%)−576만 원=624만 원]이고, 4명이 납부할 총액이 2,496만 원으로 감소하게 된다. 1명에게 집중된 소득을 4명으로 분산했더니 1인당 소득이 적어지고, 적용 세율이 낮아져 전체 납부할 세금이 감소하는 효과가 발생하게 된다.

소득세율

과세표준	세율	누진공제	비고
1,400만 원 이하	6%		
1,400만~5,000만 원	15%	126만 원	
5,000만~8,800만 원	24%	576만 원	
8,800만~1억 5,000만 원	35%	1,544만 원	각 세율의 10%에 해당하는 지방소득세 추가 발생함
1억 5,000만~3억 원	38%	1,994만 원	
3억~5억 원	40%	2,594만 원	
5억~10억 원	42%	3,594만 원	
10억 원 초과	45%	6,594만 원	

법인세율

과세표준	세율	누진공제	비고
2억 원 이하	9%		각 세율의 10%에 해당하는 지방소득세 추가 발생함
2억~200억 원 이하	19%	2,000만 원	
200억~3,000억 원 이하	21%	4억 2,000만 원	
3,000억 원 초과	24%	94억 2,000만원	

소득 분산에 따른 소득세를 보면 5,606만 원 ⇨ 3,912만 원 ⇨ 2,496만 원으로 절세 효과가 큰 것을 알 수 있다.

그런데 개인사업자의 경우에는 이렇게 소득을 분산하기 쉽지 않다. 할 수 있는 방법은 배우자와 공동사업자를 하든지, 또는 배우자를 직원으로 등재하는 것이 전부다. 배우자와 공동사업자로 하면 증여세 문제가 발생할 수 있다. 또한 배우자를 직원으로 등재하는 경우에는 다른 직원들과의 형평성을 고려해 급여를 지급해야 한다. 개인사업자를 유지하면서 소득을 여러 개로 분산하기는 쉽지 않다.

하지만 법인의 경우엔 소득을 더 많이 분산할 수 있다. 그 이유는 법인을 설립할 때 먼저 주주 구성을 미성년 자녀 포함 4명으로 할 수 있다. 주주는 법인으로부터 배당금을 받는데, 주주가 4명이면 배당소득도 4개가 된다. 그리고 홍길동 부부는 법인의 임원으로 경영하면서 급여를 받을 수 있다. 또한 법인의 임원은 퇴직금도 수령할 수 있다. 이렇게 되면 다시 4개의 소득을 추가 분산할 수 있다. 그리고 법인 소득이 있다. 중소기업은 과세표준이 200억 원까지는 세율이 19%이기 때문에 종합소득세의 최고 세율인 45%와 비교하면 세율이 매우 낮아 훨씬 적은 법인세를 납부한다.

이렇게 가족으로 법인의 주주와 임원을 구성하고 배당금, 급여, 퇴직금, 법인 소득으로 분산하면 총 9개의 소득으로 분산할 수 있다. 법인은 자연스럽게 소득 분산이 가능하기 때문에 같은 조건이라면 개인사업자보다는 법인으로 전환하는 것이 절세 효과가 높다.

개인사업자 소득 분산

법인사업자 소득 분산

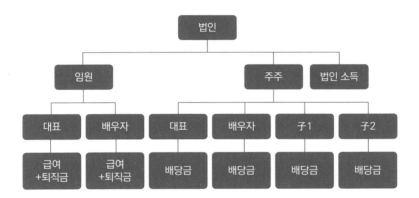

법인으로 사업하면
무엇이 좋은가요?

개인사업자인 홍길동은 법인으로 전환하면 유리하고 좋은 점이 많다는 말을 들었는데, 정확하게 정리되지 않는다. 도대체 법인으로 사업을 하면 개인사업자보다 좋은 점이 무엇인가?

　개인사업자를 오랜 기간 한 대표들은 법인으로 전환하면 자금을 마음대로 사용하지 못한다는 생각에 법인 전환을 주저하는 경우가 많다. 하지만 법인의 이점과 유리한 점을 충분히 이해한다면 법인 전환을 주저하지는 않을 것이라고 생각한다. 지금부터 법인의 유리한 점에 대해 알아보자.

　첫째, 개인사업자보다 세금이 적을 수밖에 없는 구조이다.
　우리나라에서 세금을 합법적으로 줄이기 위해서는 돈 버는 사람을 여러 사람으로 나누는 것이 가장 합리적이다. 개인사업자의 경우 실제로 일하고 있는 가족으로만 소득 분산이 가능하기 때문에 제한이 있다. 하지만 법인의 경우에는 법인 소득과 실제로 일하고 있는 가족의 급여로 분산하고, 또 이들이 향후 퇴직할 경우에는 퇴직금으로 분산할 수 있다. 그리고 법인 설립 시 일하지 않는 자녀들을 주주로 한 경우에는 그 자녀들에게 배당소득으로 분산할 수 있어 개인사업자보다 소득 분산을 더 많이 할 수 있어 저절로 세금을 줄일 수 있는 구조다.

그리고 개인의 소득세율은 6~45%이지만, 중소기업의 경우 대부분 법인세율이 9~19%가 적용되기 때문에 세금이 적다.

둘째, 일하지 않는 자녀들의 소득원을 만들어 줄 수 있다.

자녀가 법인의 주주라면 매년 법인의 이익을 배당금으로 지급함으로써 자녀들에게 합법적인 소득원을 만들어 줄 수 있고, 자녀들은 이런 배당소득으로 미래 부동산 등 자산을 취득할 경우 합법적인 자금 출처로 활용할 수 있다.

법인으로 사업할 경우 유리한 점

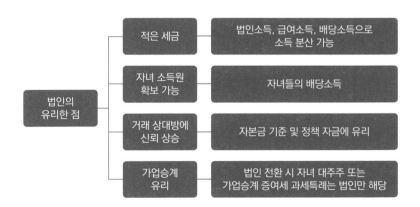

셋째, 거래 상대방에게 신뢰를 높일 수 있다.

사람들의 인식이 법인으로 사업을 한다면 제대로 사업을 한다는 생각을 가지고 있는데, 그 이유는 법인을 설립하기 위해서는 여러 요건을 충족해야 하기 때문이다. 그리고 법인 설립 시 자본금이 필요한데, 꽤 큰 자본금으로 법인을 설립하면 그 자체로 상대방에게 신뢰를 줄 수 있다.

그리고 사업상 자금이 필요한 경우에 정책 자금 등을 신청할 수 있는데, 이 경우에도 개인사업자보다는 법인이 유리하다.

넷째, 가업승계 시 개인사업자보다 유리하다.

가업승계를 주저하는 이유 중 하나가 그 과정에서 발생하는 상속세 또는 증여세인데, 개인사업자보다는 법인이 유리가 경우가 많다. 먼저 법인을 신규 설립 후 전환할 경우, 법인의 대주주를 자녀로 하는 것이다. 법인의 경우 가업을 승계한다는 것은 부모가 가지고 있는 법인 지분을 주는 것을 말하기 때문에, 법인 설립 시부터 법인의 대주주를 자녀로 한다면 저절로 가업승계의 효과가 발생하게 된다. 이 경우 상황에 따라 증여세가 발생할 수 있으나, 이때 증여세는 자본금을 기준으로 하기 때문에 세금이 많지 않을 수 있다.

그리고 출구 전략에서 다시 한번 설명하겠지만, 현재 경영하고 있는 사업체를 가업승계를 위해 증여할 때 증여세를 줄여주는 가업승계를 위한 증여세 과세특례 제도가 있는데, 이는 법인에만 적용된다.

임원보수 지급 규정

제1조【목적】

본 규정은 임원 보수 지급 규정으로서 당사 임원의 보수 지급에 관한 사항을 정함을 목적으로 한다.

제2조【임원의 정의】

① 본 규정의 임원은 등기된 대표이사, 이사, 감사에 적용한다.

② 본 규정상의 임원이라 함은 직책에 불구하고, 회사의 경영에 실질적으로 참여하는 자를 말한다.

③ 단, 임원에 준하는 대우를 받더라도 별도의 계약에 의하여 근무하는 자는 그 별도 계약에 의한다.

제3조【지급대상 임원】

본 규정에 의한 보수액이 확정이 되는 시점에 근무하는 임원에 한하여 지급한다.

제4조【임원의 보수 한도 및 구성】

① 임원의 보수(퇴직금, 유족 보상금은 제외)는 사업연도 연간 20억 원을 한도로 하며, [정기 급여+정기상여+성과 상여]로 구성된다.

② 임원의 보수는 매년 이사회(이사회가 없는 경우에는 주주총회)의 결의로 그 금액을 확정하여 보수계약서에 포함하여 기재한다.

③ 연도 중에 잔여기간에 대한 보수의 변동 사항이 있는 경우에는 이사회(이사가 없는 경우에는 주주총회)의 결의로 보수계약서를 수정 작성한다.

제5조 【정기급여】

정기급여는 기본급과 수당으로 구성되며, 매월 급여일에 지급한다.

제6조 【규정의 개폐】

본 규정은 주주총회 결의에 의하여서만 개폐가 가능하다.

부　칙

제1조 [시행일] 본 규정은 202＊년 ＊월 ＊일부터 시행한다.

제2조 [경과규정] 본 규정 시행 이전에 선임된 임원도 본 규정의 적용을 받는다.

임원 상여금 지급 규정

제1조【목 적】
이 규정은 임원 상여금 지급 규정으로써 당사 임원의 상여금 지급에 관한 사항을 정함을 목적으로 한다.

제2조【임원의 정의】
① 이 규정에서 임원이라 함은 주주총회에서 선임된 이사 및 감사로서 상근인 자를 말한다.
② 임원에 준하는 대우를 받더라도 별도의 계약에 의하여 근무하는 자는 그 별도의 계약에 의한다.

제3조【지급대상 임원】
이 규정에 의한 상여금이 확정되는 시점에 근무하는 임원에 한하여 지급된다.

제4조【정기 상여금】
① 당사는 임원에게 기본 연봉의 200% 범위 내에서 연 2회 이상 시기를 정하여 분할하여 정기상여금을 지급할 수 있다.
② 지급 시마다 주주총회 또는 이사회 결의에 의하여 그 금액을 확정한다.

제5조【성과급의 계산】

① 성과급 지급액은 매년(성과급 산출기준액×지급 기준율)의 금액으로 한다.

② 과급 산출기준액은 [매년 12월까지의 매출액－기준매출액]의 범위 내에서 주주총회의 결의에 의하여 그 금액을 확정하여 지급할 수 있다.

③ 기준매출액은 전년도 매출액으로 한다.

④ 지급 기준율은 다음과 같다.

임원의 직위	지급 기준율
대표이사	20%
이사, 감사	20%

제6조【확정 시기】

상여금 및 성과급은 본 규정 제4조 제②항 및 제5조 제②항에 의한 주주총회 또는 이사회 결의일에 확정된 것으로 한다.

제7조【지급시기】

상여금 및 성과급은 본 규정 제6조에 의해 확정된 날로부터 6월 이내에 지급하여야 한다.

제8조【규정의 개폐】

본 규정은 주주총회 결의에 의하여서만 개폐가 가능하다.

임원퇴직금 지급 규정

제1조【목적】

본 규정은 임원퇴직금 지급 규정으로서 당사 임원의 퇴직금 지급에 관한 사항을 정함을 목적으로 한다.

제2조【적용 범위】

① 본 규정의 임원은 등기된 대표이사, 이사, 감사에 적용한다.

② 본 규정상의 임원이라 함은 직책에 불구하고, 회사의 경영에 실질적으로 참여하는 자를 말한다.

③ 단, 임원에 준하는 대우를 받더라도 별도의 계약에 의하여 근무하는 자는 그 별도 계약에 의한다.

제3조【지급사유】

본 규정의 임원의 퇴직금은 근속기간 만 1년 이상의 임원이 다음 각호에 해당하는 사유가 발생하였을 때 지급한다.

① 임기만료 퇴임

② 사임

③ 재임 중 사망

④ 법인세법 시행령 제44조의 현실적인 퇴직 시

    1. 법인의 임원이 그 법인의 조직변경, 합병, 분할, 또는 사업양도에 의하여 퇴직한 때

    2. 기획재정부령으로 정하는 다음 각호에서 정하는 사유로 그 때까지의 퇴직급여를 중간정산하여 지급한 때(중간정산 시점부터 새로 근무연수를 기산하여 퇴직급여를 계산하는 경우에 한정한다.)

    가. 중간정산일 현재 1년이상 주택을 소유하지 아니한 세대의 세대주인 임원이 주택을 구입하려는 경우(중간정산일로부터 3개월 내에 해당 주택을 취득하는 경우만 해당한다.)

    나. 임원(임원의 배우자 및 "소득세법" 제50조 제1항 제3호에 따른 생계를 같이 하는 부양가족을 포함한다)이 3개월 이상의 질병 치료 또는 요양을 필요로 하는 경우

    다. 천재지변, 그 밖에 이에 준하는 재해를 입은 경우

⑤ 기타 이에 준하는 사유로 면직할 경우

제4조 【퇴직금의 계산】

① 퇴직금은 [퇴직금 산출기준액×1/10×전체 근무기간/12×지급률]로 계산한 금액으로 한다.

임원의 직위	지급률	
	2019년까지	2020년 이후
대표이사	3배수	2배수
이사, 감사	3배수	2배수

② 퇴직금 산출기준액은 퇴직한 날로부터 소급하여 3년(근무기간이 3년 미만인 경우에는 해당 근무기간으로 한다) 동안 지급받은 총급여의 연평균 환산액으로 하며, 총급여란 비과세 근로소득을 제외한 모든 소득을 의미하되, 법인세법에 따라 상여로 처리된 금액 및 퇴직함으로써 받는 소득으로서 퇴직소득에 속하지 아니하는 소득은 제외한다.

③ 임원이 각 직위를 연임 하였을 경우에는 퇴직 시의 퇴직금 산출기준액을 기준으로 최종 직위의 지급율을 적용한다.

④ 근무기간의 계산은 제5조에 의한다.

제5조 【근무기간의 계산】

① 근무기간은 최초 입사일로부터 개월 수로 계산하며, 1개월 미만의 기간이 있을 경우에는 이를 1개월로 본다.

② 1년 이내의 휴직 및 정직기간은 근무기간에 포함한다.

③ 등기임원이 아니었던 기간의 퇴직금을 정산한 경우에는 근무기간에서 제외한다.

제6조 【특별공로금 및 퇴직위로금의 지급】

임원의 퇴직 시에는 그 임원의 공로의 정도에 따라 주주총회의 의결을 통하여 퇴직금과는 별도로 다음 각 호에 의한 특별공로금 및 퇴직 위로금을 지급할 수 있다.

① 특별한 공로로 인한 지급 시에는 퇴직금의 50% 범위 이내

② 업무로 인한 상해를 입거나 질병으로 인하여 업무를 감당할 수 없어 퇴직하는 경우에는 퇴직금의 50% 범위 이내

③ 재직 중 순직한 경우에는 순직 당시 퇴직금의 100% 범위 이내

제7조【퇴직금의 지급방법】

임원의 퇴직금은 현금으로 지급함을 원칙으로 하되, 퇴직한 자의 요청 또는 동의가 있는 경우 현금 외의 회사의 자산(재고자산, 금융자산, 유가증권, 고장자산 등)으로 지급할 수 있다. 이때 퇴직금으로 지급되는 현금 외의 자산의 평가는 상속세 및 증여세법에 의한다.

제8조【사망자의 퇴직금 및 유족보상금】

사망으로 인하여 퇴직한 자의 퇴직금은 유족에게 지급하며, 퇴직금 외에 유족 보상금에 대한 금액을 지급할 수 있다. 이때 유족보상금은 별도의 임원 유족 보상금 지급 규정에 의한다.

제9조【규정의 개폐】

본 규정은 주주총회 결의에 의하여서만 개폐가 가능하다.

부   칙

제1조 [시행일] 본 규정은 202＊년 ＊월 ＊일부터 시행한다.

제2조 [경과규정] 본 규정 시행 이전에 선임된 임원도 본 규정의 적용을 받는다.

제3조 [적용시기] 본 규정은 본 규정 시행 이전의 근속기간에 대해서도 소급 적용한다.

임원유족보상금 지급 규정

제1조 【목적】

본 규정은 임원 유족 보상금 지급 규정으로서, 당사 임원의 사망으로 인하여 지급되는 임원 퇴직금(공로금, 위로금) 외에 별도의 임원 유족보상금 지급에 관한 사항을 정함을 목적으로 한다.

제2조 【임원의 정의】

① 본 규정의 임원은 등기된 대표이사, 이사, 감사에 적용한다.

② 본 규정상의 임원이라 함은 직책에 불구하고, 회사의 경영에 실질적으로 참여하는 자를 말한다.

③ 단, 임원에 준하는 대우를 받더라도 별도의 계약에 의하여 근무하는 자는 그 별도 계약에 의한다.

④ 산업재해보상보험에 가입된 자는 본 규정의 적용대상이 아니다.

제3조 【지급사유】

본 규정의 의한 유족보상금은 재임 중 사망 또는 사망에 준하는 사유가 발생한 임원에 한하여 유족에게 지급한다.

제4조 【유족보상금 산정 및 지급기준】

① 유족보상금 산출의 기준이 되는 평균임금은 산정할 사유가 발생한 날의 직전 3개월간 지급된 임금 총액을 그 기간의 총일수로 나눈 금액을 말한다.

② 유족 보상금의 지급 기준은 다음과 같다.

임원의 직위	유족 보상금	
	업무상 재해	비업무상 재해
대표이사 이사, 감사	평균임금의 1,300일분	평균임금의 1,300일분×50%

제5조 【유족보상금 지급방법】

유족보상금은 현금으로 지급함을 원칙으로 하되, 유족의 요청 또는 동의가 있는 경우 현금 외의 회사의 자산(재고자산, 금융자산, 유가증권, 고정자산 등)으로 지급할 수 있다.

제6조 【유족보상금 지급】

① 본 규정에 의한 임원유족보상금은 지급사유 발생 후 사망신고일 및 법원의 판결일 기준으로 3개월 이내에 지급한다.

② 본 규정에 의한 임원유족보상금을 지급받을 유족의 순위는 다음과 같다.

　　가. 대상 임원의 배우자 및 직계비속

나. 대상 임원의 직계존속

　　다. 대상 임원이 부양하고 있던 형제자매

　　라. 대상 임원이 부양하고 있지 아니한 형제자매

제7조【규정의 개폐】

본 규정은 주주총회 결의에 의하여서만 개폐가 가능하다.

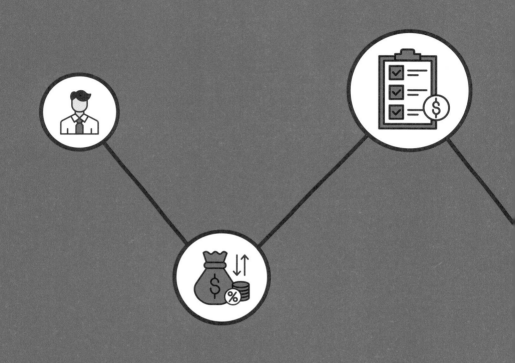

PART 02

법인 운영 시

1장

법인세 절세

법인세 계산 구조를 알면 세금을 줄일 수 있어요

CASE

제조업을 하는 법인을 경영하는 홍길동은 법인세 부담이 크다. 이에 기장 세무사에게 법인세를 줄일 수 있는 방법에 대해 질문했으나, 자세한 이야기를 해 주지 않는다. 이에 홍길동은 혼자서 공부하기로 했다. 무엇을 공부하면 좋을까?

법인세 절세를 위해서는 다음을 이해할 필요가 있다.

첫째, 손익계산서 부분에 대해 이해해야 한다.

손익계산서는 기업의 경영 성과를 보고하기 위하여 회계기간에 속하는 모든 수익과 이에 대응하는 모든 비용을 기재해 표시하고, 그 외 영업외 손익을 가감하고 법인세 등을 차감해 당기순손익을 표시하는 재무제표이다. 이익이 적다면 법인세는 조금 납부한다.

여기서 중요한 것은 수익과 비용의 대응이라는 개념인데, 자금이 지출되었으나 수익과 관련성이 없다면 비용으로 인정되지 않는다. 또한 지출되었다면 그에 해당하는 증빙을 제출해야 한다. 법인카드 영수증, 세금계산서, 계산서, 현금 영수증을 제출해야만 한다.

만약, 이런 영수증을 제출할 수 없는 지출의 경우에는 비용으로 처리할 수 없고, 일반적으로 재무상태표에 자산 계정인 대여금(가지급금)으로 계상하여 향후 대표가 이자와 함께 상환해야 한다.

둘째, 법인세 계산 프로세스상 세무조정 시 익금산입과 손금불산입 금액을 최소화할 필요가 있다.

비용 중 감가상각비, 업무 추진비(접대비) 등 한도가 있는 비용 계정이 있는데, 한도를 초과한 지출에 대해서는 비용으로 인정되지 않기 때문에 법인세를 줄일 수 없다. 또한 법적 요건을 충족해 세액감면이나 세액공제 혜택을 최대한 활용한다면 합리적으로 세금을 줄일 수 있는데, 이 부분은 얼마나 관심을 갖느냐에 따라 그 결과에서 많은 차이가 발생한다.

손익계산서 요약		법인세 계산 프로세스	과세표준	세율
	매출	차감 전 이익	2억 원 이하	9%
−	매출 원가	± 세무조정		
=	매출총이익	= 과세표준	2억~200억 원 이하	19%
−	판매 및 관리비	× 세율		
=	영업 이익	= 산출세액	200억~3,000억 원 이하	21%
±	영업외 손익	− 세액감면		
=	차감 전 이익	− 세액공제	3,000억 원 초과	24%
−	법인세	= 납부할 세액		
=	당기순이익			

매출 누락과 자료 구입으로
세금을 줄일 수 있나요?

CASE

제조업을 하는 법인을 경영하는 홍길동은 손익계산서의 구성 내용에 대해 알게 되었는데, 구체적으로 어떻게 해야 이익을 줄일 수 있을까?

첫째, 앞에서 본 손익계산서에서 우선 매출을 줄이는 것을 생각해 볼 수 있다.

과거에는 실제 매출이 감소한 것이 아니라 매출 누락 등으로 매출이 감소한 것처럼 해 세금을 적게 납부하는 경우가 있었다. 하지만 지금은 전자세금계산서를 발행하기 때문에 매출 누락이 어렵다.

일부 회사는 매출을 다음 해로 이월하는 경우가 있는데, 이 방법은 당장의 세금은 줄일 수 있으나 언젠가는 결국 법인세를 납부해야 한다. 하지만 이 방법의 실익은 매출을 이월함으로써 법인세율이 상위 세율로 올라가지 않는다면 법인세율의 차이만큼 이익이 될 수 있다.

둘째, 원가를 올리는 것이다.

이것은 이익을 줄이기 위해 같은 품질의 비싼 원재료를 사온다는 것인데, 합리적인 경영자라면 생각할 수 없는 부분이다. 간혹 자료상을 통해 실질적으로 매입하지 않고 약간의 수수료만 주고 가공의 세금계산서를 매입해 이익을 줄이는 경우가 있는데, 이는 절대로 하면 안 된다.

자료상은 세금계산서를 발행한 후 대부분 5년 이내에 폐업하는데, 이 과정에서 당연히 법인세 등을 납부하지 않는다. 그러니 과세당국은 폐업한 자료를 보고 세무조사하게 되고, 그 과정에서 자료상과 거래했던 많은 업체도 세무조사를 받게 된다.

가공의 세금계산서를 사용한 사실이 발견되면 해당 법인은 많은 세금과 과징금을 추징당한다. 가공의 세금계산서를 활용해서 덜

법인 이익을 줄이는 방법

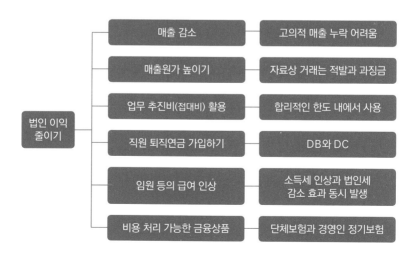

낸 세금과 가산세를 납부해야 하고, 부가가치세 3배의 벌금이 발생할 수 있다.

예를 들어 1년 전, 1억 원의 가공의 세금계산서를 사용한 사실이 세무조사를 통해 발견되었을 때, 납부할 세금과 벌금은 다음과 같다.

1) 부가가치세 ⇨ 1억 원×10%=1,000만 원

\+ 무신고 가산세 1,000만 원×40%=400만 원

\+ 미납부 가산세 1,000만 원×연 8%=80만 원

총 추징 부가가치세액 1,480만 원

2) 법인세 ⇨ 1억 원×19%=1,900만 원

\+ 무신고 가산세 1,900만 원×40%=760만 원

\+ 미납부 가산세 1,900만 원×연 8%=152만 원

총 추징 법인세액 2,812만 원

3) 소득세 ⇨ 1억 원×45%(최고 세율 가정)+가산세

4) 벌금 ⇨ 부가가치세의 3배

업무 추진비(접대비)를 얼마나 사용해야 하나요?

비용이란 사용해서 없어지는 자금이기 때문에 신중하게 지출해야 한다. 지출 목적이 사업 관련성이 있어야 비용으로 인정받아 세금을 줄일 수 있다.

구체적으로 100원을 비용으로 사용했다면, 법인세율 19%인 법인의 경우에는 19원만 세금으로 돌려받고, 나머지 81원은 없어지는 것이다. 물론 업무와 관련해 반드시 사용해야 하는 경우에는 예외이지만, 단순히 세금을 줄이기 위해 불필요한 지출을 하는 것은 법인의 재무관리 측면에서 추천하지 않는다. 차라리 19원의 세금을 납부하고 81원을 가지는 것이 합리적이다.

대표적인 사례가 지나치게 자주 법인 차량을 교체하는 것이다.

업무추진비(접대비)를 한도에 맞춰 사용할 필요가 있다. 임원은 거래처를 만나 영업하는 것이 주업무다. 이럴 때 필요한 비용이 업무추진비다. 이 비용이 아까워 너무 소극적으로 영업한다면 매출 증가 등은 기대하기 어려울 것이다.

업무 추진비(접대비) 한도=①+②

구분	중소기업	중소기업 외
①	3,600만 원	1,200만 원
②		

매출	적용률
100억 원 이하	0.3%
100억~500억 원 이하	0.2%
500억 원 초과	0.003%

매출이 100억 원인 중소기업의 업무추진비 한도를 계산하면 기본적으로 [3,600만 원+(100억 원×0.3%)=6,600만 원]까지 연간 업무추진비로 사용할 수 있다.

퇴직연금으로 직원 퇴직금을 준비하면 법인세가 감소하나요?

CASE

최근 10년 이상 근무한 직원이 퇴직해서 목돈의 퇴직금을 지급한 홍길동 대표는 직원들 퇴직금 준비를 미리미리 해야겠다는 것을 새삼 느꼈다. 그리고 직원 퇴직금을 준비할 때 비용 처리가 가능하면 더 좋을 것 같다. 어떤 방법이 있을까?

직원용과 임원용의 퇴직금 준비를 별도로 하자.

중소기업에서는 퇴직금을 준비할 때 직원용과 가족인 임원용을 구분해 준비할 것을 권유한다. 구체적인 준비 방법으로는 직원을 위한 퇴직금 준비는 퇴직연금으로, 가족인 임원을 위한 퇴직금 준비는 일반퇴직금 제도로 준비할 것을 권유한다.

퇴직연금은 다시 확정급여형(DB)과 확정기여형(DC) 중 하나를 선택하면 된다. 법인에서 매년 직원들의 퇴직금 중간 정산금을 100% 적립해도 유동자금에 문제가 없다면 DC형이 유리하고, 유동자금이 여유롭지 않을 경우에는 DB형을 선택하는 것이 좋다.

그 이유는 DC는 직원 개인별로 가입하고, 법인에서 매년 퇴직금 중간 정산 형식으로 직원의 퇴직연금 계좌로 퇴직금 추계액을 입금해 주는 구조이다. DB는 법인에서 1개의 계좌로 전 직원의 퇴직금을 준비하는 방법인데, 모든 직원이 동시에 퇴직할 가능성은 작기 때문에 [퇴직금 추계액×이직률] 정도만 적립해도 미래에 직원 퇴직금을 지급할 때 부족 자금이 크지 않을 수 있기 때문이다.

직원용과 가족인 임원의 퇴직금 준비를 구분하는 이유는 퇴직연금이 가지고 있는 특징 때문인데, 퇴직연금은 오직 퇴직금을 지급하기 위한 용도로만 사용해야 하고 다른 용도로는 절대 사용할 수 없다. 대표 입장에서는 직원의 퇴직금은 언젠가는 지급해야 할 부채이기 때문에, 매년 퇴직금 추계액만큼을 저축한다. 그리고 미래에 직원이 퇴직하면 저축한 자금으로 퇴직금을 지급한다면 대표의 어깨는 매우 가벼울 것이다.

매년 법인에서 퇴직연금에 적립하는 금액은 전부 비용 처리가 가능하기 때문에 합리적인 비용의 증가로 인해 법인세를 매년 조금이라고 줄일 수 있는 효과가 있다.

중소기업의 퇴직금 준비 방법

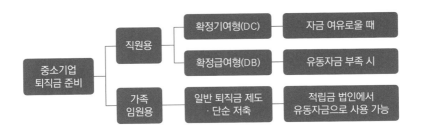

법인 대표와 법인의 관계는 엄밀하게는 별개의 존재이다. 하지만 법인이 잘될 때는 별개의 존재로 제한된 보상만을 받으라 하고, 법인이 잘되지 않을 경우에는 동일 존재로 취급해 무한 책임을 갖게 하는 것이 과세 당국의 입장인 점 등을 고려할 필요가 있다.

임원의 경우에는 직원보다 급여도 많고, 재직기간도 길며, 임원 퇴직금 지급규정에 따라 2배까지 퇴직금을 수령할 수 있어 직원보다 더 많은 퇴직금을 수령할 수 있다. 임원의 퇴직금 준비를 퇴직연금으로 준비한다면, 퇴직연금에 적립되어 있는 자금은 오직 임원의 퇴직금으로만 사용해야 하는 제약이 있어 갑자기 법인에 유동성 위기가 왔을 때 임원의 퇴직금을 지급하기 위해 준비한 퇴직연금의 적립금을 활용할 수 없다.

대표나 법인 입장에서는 유동자금이 필요할 경우에 대표의 퇴직금 명목으로 적립한 자금을 활용할 수 있다면 좋겠으나, 퇴직연금에 적립되어 있는 자금은 유동자금으로 활용할 수 없는 단점이 있다. 이런 이유로 유동성이 없는 퇴직연금에 많은 자금을 오랫동안 묶어 두는 것은 중소기업의 합리적인 자금 운영이라고 하기는 어렵다.

그래서 법인의 가족 임원 퇴직금은 법인에서 저축하면서 유동자금이 필요하면 적립금을 활용하고, 미래에 임원이 퇴직하면 적립금 중 일부를 퇴직금으로 지급할 수 있는 일반 퇴직금 제도를 선택하는 것이 합리적이다.

일반 퇴직금 제도의 회계 처리는 임원의 퇴직금 준비를 위해 저축을 하는 경우에는 법인에서 매년 적립한 금액은 자산으로 처리했다가, 적립금을 활용해 퇴직금으로 지급할 경우에 전액이 비용 처리된다.

이렇게 일시에 많은 금액이 비용 처리되면 법인의 이익이 대폭 감소 또는 결손이 발생할 수 있어 기업 가치가 하락하게 된다. 이런 부분을 가업 승계에 활용한다면 먼저, 올해 대표인 부친이 퇴직하면서 규정에 의한 많은 퇴직금을 수령한다. 다음으로 내년 3월 이후 결산하면 올해의 이익 하락 또는 결손으로 기업 가치가 하락하게 된다. 그리고 마지막으로 내년 3월 부친의 지분을 자녀가 증여받는다면 상대적으로 낮게 평가된 자산을 증여받게 되므로 증여세를 절세할 수 있다(자세한 내용은 '퇴직금 준비하기'에서 살펴보도록 하겠다).

임원 급여를 인상하면
법인세가 감소하나요?

　법인 임원의 급여를 인상하면 임원은 종합소득세가 증가하지만, 법인 입장에서는 비용이 증가해 법인세가 감소한다. 중소기업의 대표는 두 세금을 모두 본인이 납부한다고 생각한다. 그러므로 종합소득세 증가와 법인세 감소의 쌍방향 효과가 나타나는 것을 고려해 적절한 급여 인상 등을 할 필요가 있다.

　그럼 급여를 어느 정도로 정해야 세금 부분에서 가장 합리적일까? 그건 급여에 따라 증가하는 소득세와 감소하는 법인세를 더했을 때 '0'에 가까운 수준이 세금만 생각하면 이상적이라고 할 수 있다. 그 급여 수준은 해당 법인의 법인세율이 결정한다.

　만약 대표의 다른 소득이 없고 법인세율이 9%라고 하면 연봉 7,000만 원, 법인세율이 19%라고 하면 연봉 1억 5,000만 원 정도 책정하면 세금 부분에서 이상적이라고 할 수 있다. 하지만 법인의 이익이 많다면 종합소득세를 더 납부하더라도 급여를 인상해 적절한 보상을 받는 것이 합리적이다.

그리고 급여를 인상하면 4대 보험료가 인상한다고 하는데, 정확하게 말하면 이것은 사실이 아니다. 왜냐하면 4대 보험 중 고용보험, 산재보험에 대해 임원은 가입할 의무가 없으며 국민연금의 경우에는 2024년 기준 월 급여 617만 원이 상한이다. 즉 월 1,000만 원 급여의 대표나 월 617만 원 급여의 대표나 국민연금 보험료는 동일하다. 그리고 국민연금은 노후 자금을 마련하기 위한 저축이기 때문에 아까워할 필요가 없다. 그렇지만 건강보험료(2024년 장기요양 보험료 포함 약 8%)는 급여가 증가하면 따라서 함께 증가한다.

임원의 급여를 인상하면 자금 출처를 확보할 수 있다는 추가적인 효과가 있다. 부동산 등 자산 취득 시 자금 출처로 대응할 수 있는 자금은 신고된 세후 소득의 합계액, 은행 대출금, 증여 신고한 증여재산 등이다. 이 중 가장 기본이 신고소득이고, 신고소득이 적으면 은행 대출금도 충분히 일으킬 수 없다.

함께 일하는 자녀가 있다면 업무 수준과 직급에 맞춰 급여를 인상할 필요가 있다.

임원 급여 인상의 효과

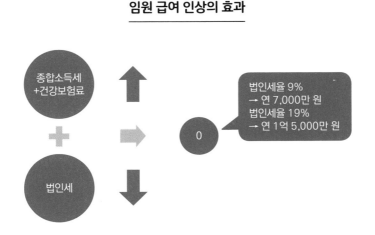

06

법인에서 보험을 가입해
법인세를 줄일 수 있나요?

마지막으로 선택해 볼 것이 비용 처리가 가능한 금융상품 가입인데, 대표적인 금융상품이 단체보험과 경영인 정기보험이다. 보험 상품의 세부 내용에 대해서는 이후 '법인에서 보험 가입하기' 편에서 설명하고, 여기서는 비용처리 관련된 부분에 대해서만 알아보자.

금융상품 가입과 관련한 회계 처리의 대원칙은 납입 중 자산으로 처리했다면, 환급 시 수령하는 환급금과 원금과의 차액에 대해서만 이익 또는 손실로 회계 처리하고, 납입 중 비용으로 처리했다면 환급 시 수령하는 환급금 전액을 이익으로 회계 처리해야 한다.

단체보험은 산재 발생에 대비해 가입하는 보장성 보험인데, 보험료를 납입하는 계약자는 법인으로, 보험 사고 시 보험금을 수령하는 수익자를 법인 또는 직원으로 지정할 수 있다. 법인을 수익자로 했을 경우에는 납입 보험료를 자산으로 처리하고, 만기 또는 해약시에는 환급금과 원금의 차액이 이익이라면 그 부분만 영업외 이익으로, 차액이 손실이라면 그 부분만 영업외 손실로 처리하면 된다.

수익자를 직원으로 했을 경우에는 납입 시 보험료 전액을 비용으로 처리하고, 만기 이전에 법인에서 해약할 경우에는 환급금 전액을 계약자인 법인이 수령하기 때문에 영업외이익으로 처리하고 법인세를 납부해야 한다.

경영인 정기보험은 임원의 업무상 사망 시 발생할 수 있는 법인의 재무적 리스크에 대비하기 위해 가입하는 만기 환급금이 없는 소멸성 보험이다. 공장 화재보험, 법인 자동차보험 등에 가입하고 납입하는 보험료도 모두 비용 처리가 가능한데, 그 이유는 다음 두 가지다. 첫째, 가입 목적이 사업 관련성이 있다는 점. 둘째, 보험의 특징이 만기 시 환급금이 없는 소멸성 보험이기 때문이다.

하지만 경영인 정기보험은 장기보험이기 때문에 보험기간 중에 중도 해약을 할 수 있다. 이 경우에는 환급금 전액을 법인의 영업외이익으로 계상해 법인세를 납부해야 한다.

가입한 보험상품의 회계 처리 원칙

구분	법인이 납입 시	법인이 환급금 수령 시
단체보험, 경영인 정기보험	자산 처리	차액에 대해 손익 처리
	비용 처리	전액 이익 처리

07

과거에 많이 납부한 세금(세액공제 받지 못한)을 경정청구로 돌려받자

5년 전부터 제조업 법인을 경영하고 있는 홍길동은 법인세 절세에 관심이 많은데, 주변에서 경정청구를 신청하라는 말을 듣고 홍길동의 회사에도 해당되는지, 신청하면 세무조사를 받는 것은 아닌지 고민하고 있다.

경정청구란 신고 기한 내 신고(수정신고 포함)를 하였으나 매입 자료 누락 등으로 세액을 많이 신고하였거나, 결손금 또는 환급을 적게 신고한 경우에 환급을 요청하는 것을 말한다. 신청일로부터 5년 이내에 더 낸 세금을 돌려 달라고 신청할 수 있다.

그런데 경정청구에서 중요한 것은 청구 사유다. 매출이나 원가, 비용 관련 자료를 청구 사유로 한다면 그에 대한 입증 자료를 제출해야 하고, 그 과정에서 자연스럽게 세무조사를 하게 되면, 법인 대표 입장에서는 부담이 클 수밖에 없다. 하지만 법적인 요건만 충족하면 혜택을 받을 수 있었던 세액감면과 세액공제를 신청하지 않아 세금을 더 납부한 경우에는 세무조사 절차가 필요하지 않다.

세액감면에는 첫째, 중소기업에 대한 특별세액감면과 둘째, (청년)창업중소기업 등에 대한 세액감면, 그 외 수도권 밖으로 공장을 이전하는 기업에 대한 세액감면, 수도권 밖으로 본사를 이전하는 기업에 대한 세액감면 등 많은 세액감면이 있다(표 참고).

세액공제에는 첫째, 통합 고용 세액공제, 고용을 증대시킨 기업에 대한 세액공제, 연구 및 인력개발비에 대한 세액공제 등이 대표적이다. 고용이 늘었거나 R&D 관련 비용 지출이 있는 경우에는 공제 요건에 해당하는지 확인하고 신청하면 된다.

하지만 법인 대표와 담당 직원이 몰라 세액감면이나 세액공제를 신청하지 않은 경우에는 납부하지 않아도 될 세금을 납부한 것이다. 따라서 고용이 늘었거나, 연구, 개발 업무를 하는 부서가 있다면 지금이라도 경정청구를 통해 더 낸 세금을 돌려받을 수 있다.

손익계산서 요약		법인세 계산 프로세스	
	매출		차감 전 이익
−	매출원가	±	세무조정
=	매출총이익	=	과세표준
−	판매 및 관리비	×	세율
=	영업 이익	=	산출세액
±	영업외 손익	−	**세액감면**
=	차감 전 이익	−	**세액공제**
−	법인세	=	납부할 세액
=	당기순이익		

2장

현명한 차명주주
정리 방법

차명주주는
왜 발생하나요?

2020년에 건설회사를 설립한 홍길동은 법인 설립 시 주변 사람들의 말을 듣고 지인 A와 B에게 지분 30%씩을 주었다. 그런데 최근 컨설팅을 하는 사람들이 지인 A와 B를 주주로 한 것은 잘못된 것이기 때문에 빨리 정리하라고 한다.

차명자산이란 실소유자가 타인의 이름을 빌려 자산을 취득 후 그 사람 이름으로 등기 또는 등록한 자산을 말한다. 부동산과 주식이 대표적으로 활용되는 자산이다. 차명 부동산은 탈세 목적, 인허가 관련 규정 회피 등이 목적인 경우가 많다. 그러다 보니 실소유자와 명의자가 이런 차명 부동산이 불법이라는 것을 알고 있는 경우가 많다.

하지만 중소기업의 대표는 본인 회사 차명주주의 위법성과 문제의 심각성에 대해 잘 모르는 경우가 많고, 그로 인해 피해를 겪는 중소기업 대표를 보면 안타까운 마음이 든다. 현재 법인에 차명주주가 있다면 현명한 방법으로 정리를 해야 한다.

차명주주를 정리하기 위해서는 먼저 발생하는 원인에 대해 알아볼 필요가 있다.

차명주주가 발생한 이유는 과거 법인 설립 시 발기인 조건 때문이다. 앞에서 본 것처럼 1996년 9월 30일 전에 법인 설립을 위해선 발기인 7명이 필요했고, 2001년 7월 23일까지는 발기인 3명이 필요했다. 결국 이 시기에 설립된 법인의 경우엔 어쩔 수 없이 차명주주가 발생할 수밖에 없었다. 그럼 2001년 7월 24일 이후 설립된 법인은 차명주주가 없을까? 아니다. 현재 설립되는 법인의 경우에도 차명주주가 있는 경우가 많다. 그 이유는 과점주주를 피하기 위해서다.

과점주주는 특정 주주(대표 또는 실경영자)를 기준으로 그 주주 및 그 주주의 친족이나 그 밖의 특수관계에 있는 자의 소유 주식 또는 출자액을 합계하여 그 점유비율이 50%를 초과하는 경우를 말한다. 과점주주에 해당하면 과세 당국에서는 법인이라 하더라도 개인기업의 성격이 강하다고 판단해 세법상 여러 가지 규제를 하는 등 불이익을 주고 있는데, 이를 피하기 위하여 차명주주를 활용하는 경우가 있다.

차명자산 종류와 당사자들의 인식

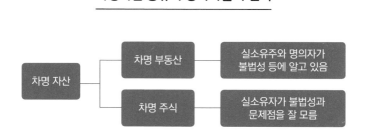

과점주주의 불이익에는
무엇이 있나요?

그럼 과점주주의 불이익에는 무엇이 있을까?

첫째, 간주취득세 발생이다.

법인이 부동산 등 취득세가 발행하는 자산을 취득한 경우 과점주주도 그 자산을 취득한 것으로 간주해 취득세를 납부하는 것이다. 간주취득세는 처음 과점주주가 된 때, 그리고 과점주주의 지분율이 증가했을 때 납부한다.

간주취득세 계산식은 [법인의 취득세 과세 대상 자산 전체의 장부가액×과점주주의 지분비율×2%(세율)]이다. 예를 들어, [부동산 자산 50억 원×100%(과점주주 지분율)×2%=1억 원]을 과점주주가 납부해야 한다. 법인도 취득세를 납부했기 때문에 취득세를 2번 납부하는 상황이어서 불이익에 해당한다.

하지만 과점주주에 해당하더라도 간주취득세가 발생하지 않는 경우가 있는데, 대표적인 경우가 법인 설립 당시부터 과점주주이다. 이 경우엔 간주취득세가 발생하지 않는다.

그리고 특수관계가 아니었던 주주들이 결혼해 특수관계인이 되고, 합계 지분율이 50%를 초과해 과점주주가 되더라도 간주취득세가 발생하지 않는다. 따라서 이런 부분을 꼼꼼히 살펴보지 않고, 단순히 간주취득세를 피하기 위해 차명주주를 선택하는 것은 잘못된 선택이다.

둘째, 2차 납세의무이다.

법인이 납세의무를 충분히 이행할 수 없는 상태라고 판단되는 경우 그 부족분에 대해 과점주주 등에게 납세의무를 지게 하는 의무를 말한다. 과점주주가 부담해야 할 2차 납세의무의 한도는 [법인의 부족한 체납 금액×과점주주의 지분율]로 한다.

그리고 국민연금·건강보험·고용보험·산재보험의 4대 보험료 중 국민연금 보험료를 제외한 나머지 3개 부분의 보험료에 대해서도 2차 납세의무가 있다.

2차 납세의무는 법인이 충실히 납부한다면 걱정할 부분이 아니다. 그러니 과점주주의 불이익에 대한 정확한 내용을 모르고 차명주주를 활용하는 것은 해선 안 될 일이다.

과점주주의 불이익

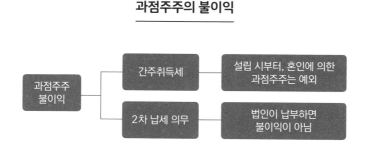

어디까지가
차명주주일까?

CASE

차명주주의 위험성과 주주가 많은 것이 절세에 유리하다는 것에 대해 들은 홍길동은 법인 설립 시 주주를 누구로 할지 고민하고 있다.

차명주주의 의미는 자본금을 자기 자금으로 납입하지 않은 사람을 말한다. 실질적으로 자본금을 납입하지 않았다고 하더라도, 배우자나 자녀의 경우에는 증여할 수 있기 때문에 차명주주로 보지 않고, 지분을 둘러싼 분쟁이 발생할 가능성 또한 매우 작다. 하지만 그 이외의 자를 차명주주로 할 경우에는 미래에 정리해야 한다는 점과 정리하는 과정에서 많은 자금과 세금이 발생할 수 있다는 것을 항상 생각해야 한다. 이때 특수관계인인지 아닌지가 매우 중요하다.

차명주주를 활용할 때 본인에게 우호적일 수 있다는 생각으로 부모님과 형제의 명의를 빌리는 경우가 있다. 하지만 부모님과 형제는 자신과 뗄 수 없는 특수관계인이고, 부모님의 경우엔 자신보다 일찍 사망할 가능성이 크다. 이 경우 부모님의 상속재산을 형제들과 분배하는 과정에서 자신의 소유지만 부모님의 명의로 한 차명주식도 재산 분배의 대상 재산이 되며, 분배 과정에서 분쟁이 발생할 가능성이 있다.

　형제의 경우에도 차명주주인 형제의 변심에 따른 경영권 분쟁 가능성이 있다. 그리고 특수관계인을 벗어날 수 없기 때문에 정리할 때 많은 자금과 세금이 발생한다. 자세한 내용은 차명주주 정리 방법에서 설명하겠다.

　다음으로 임직원을 차명주주로 하는 경우가 있는데, 법인 설립 시 임직원에게 동기부여 차원에서 지분을 주는 대표가 있다. 하지만 결국에는 후회하는 경우가 많은데, 그 이유는 주주인 임직원은 자신이 주인이라고 생각하지 않기 때문이다.

　대표가 차명주주인 직원에게 주주로서의 권리 행사나 보상을 해주지 않으면서, 주인의식을 갖고 열심히 일하라고 독려한다면 불협화음이 발생할 수 있다. 그리고 차명주주인 임직원이 퇴직하면 그 지분을 정리해야 하는데, 이때 대표가 또 실수를 한다. 그것은 그때라도 퇴직하는 직원의 지분을 본인 명의로 회수해야 하는데, 제삼

차명주주와 관계의 중요성

의 직원 명의로 이전하면서 계속 차명주주를 유지하는 것이다. 이 경우 향후 차명주주를 정리할 때 복잡하면서 많은 세금이 발생하게 된다.

실소유자와 임직원인 차명주주는 특수관계인에 해당하는데, 특수관계인 관계가 해소되는 시기가 차명주주가 임원인 경우와 직원인 경우 각각 다르다. 직원의 경우 퇴직하면 특수관계인 관계가 해소되지만, 임원의 경우에는 퇴직 후 3년이 경과해야 특수관계인 관계가 해소된다. 따라서 임직원을 차명주주로 하고 싶다면 직원을 선택하는 것이 미래에 차명주주를 정리할 때 자금과 세금 부분에서 유리하다.

「국세기본법」과 「국세기본법 시행령」에 특수관계인의 정의와 범위에 대해 명시하고 있다. 따라서 차명주주를 꼭 활용할 수밖에 없는 상황이라면 특수관계인이 아닌 사람을 선택하는 것이 합리적이다.

국세기본법 제2조 20호

20. "특수관계인"이란 본인과 다음 각 목의 어느 하나에 해당하는 관계에 있는 자를 말한다.

가. 혈족·인척 등 대통령령으로 정하는 친족관계

나. 임원·사용인 등 대통령령으로 정하는 경제적 연관관계

다. 주주·출자자 등 대통령령으로 정하는 경영 지배관계(지분 30% 이상)

국세기본법 시행령 제1조의2 1항

① 법 제2조 제20호 가목에서 "혈족·인척 등 대통령령으로 정하는 친족관계"란 다음 각 호의 어느 하나에 해당하는 관계(이하 "친족관계"라 한다)를 말한다.

1. 4촌 이내의 혈족

2. 3촌 이내의 인척

3. 배우자(사실상의 혼인 관계에 있는 자를 포함한다)

4. 친생자로서 다른 사람에게 친양자 입양된 자 및 그 배우자·직계비속

5. 본인이 「민법」에 따라 인지한 혼인 외 출생자의 생부나 생모(본인의 금전이나 그밖의 재산으로 생계를 유지하는 사람 또는 생계를 함께하는 사람으로 한정한다.)

차명주주가 있으면
무슨 문제가 있나요?

CASE

2020년에 건설회사를 설립한 홍길동은 법인 설립 시 주변 사람들의 말을 듣고 지인 A와 B에게 지분 30%씩을 주었다. 그런데 최근 컨설팅을 하는 사람들이 지인 A와 B를 주주로 한 것은 잘못된 것이기 때문에 빨리 정리하라고 한다. 그런데 차명주주를 정리하지 않으면 어떤 문제가 있는 것일까?

첫째, 차명주주의 변심에 의한 배신행위가 있다.

2016년까지 대법원 판례는 차명주주의 주주권을 인정하지 않고, 실제 소유주의 주주권을 인정했다(대법원 1975.9.23 선고 74다804판결, 대법원 1977.10.11 선고 76다14448판결 등).

하지만 2017년에 대법원 판결이 바뀌었다. 그 판결 내용은 '특별한 사정이 없는 한, 주주명부에 적법하게 주주로 기재된 자는 회사에 대한 관계에서 주식에 관한 의결권 등 주주권을 행사할 수 있고, 회사 역시 주주명부상 주주 외의 실제 주식을 인수하였거나 양수하고자 하였던 자가 따로 존재한다는 사실을 알았든 몰랐든 간에 주주명부상 주주의 주주권 행사를 부인할 수 없으며, 주주명부에 기재를 마치지 아니한 자의 주주권 행사를 인정할 수도 없다(대법원 2017.3.23. 선고2015다248342).'

대법원 판결의 변경으로 차명주주가 실제 주주의 의사에 반하는 의결권 행사 가능성이 커졌다. 결국 차명주주의 배신 가능성이 커졌고, 일부 차명주주는 주식을 돌려주는 과정에서 많은 대가를 요구할 수도 있다.

둘째, 차명주주가 사망했을 경우 분쟁이 발생할 가능성이 크다.

「민법」은 상속 발생 시 사망한 자(피상속인)의 자산을 상속받을 수 있는 상속인의 순위를 명시하고 있고, 대부분은 자녀들과 배우자가 상속인이 될 것이다. 상속인의 입장에서는 피상속인의 상속재산 중 차명주식의 실제 상황에 대해 모르기 때문에 자신들이 정

차명주주가 있을 경우 발생할 수 있는 리스크

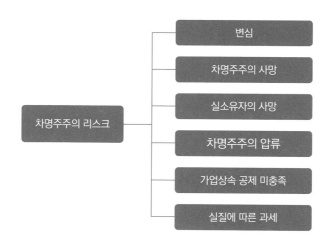

당하게 주식을 상속받은 것으로 인식할 것이다.

차명주주가 사망하게 되면 그 상황을 설명해 줄 당사자 중 1인이 사라지기 때문에 실소유자는 차명주주의 상속인들로부터 지분을 회수하기가 쉽지 않고, 경우에 따라선 소송이 발생할 가능성이 크다.

셋째, 실소유자가 사망했을 경우에도 같은 상황이 발생한다.

특히 사망한 실소유자의 가족이 경영에 참여하지 않은 경우에는 차명주주가 자신이 지분의 실소유자임을 주장할 수 있고, 경영에 간섭하거나 더 나아가서 경영권을 둘러싼 분쟁이 발생할 가능성이 크다.

넷째, 차명주주의 신용 문제가 발생했을 경우 차명주주가 소유하고 있는 실소유자의 주식도 압류될 수 있다.

차명주주가 자기 사업을 하던 중에 부도나 체납 등의 좋지 않은 상황으로, 과세 당국이 강제집행에 들어갈 때 체납자의 자산을 압류하는 과정에서 차명주식도 체납자의 자산으로 파악해 압류하는 것이다. 이 경우 실소유자가 지분을 회수하기 위해서는 차명주주인 체납자의 문제를 해결해 주어야 가능하다.

다섯째, 가업상속 공제 요건을 충족하지 못할 수 있다.

가업상속 공제는 부친의 가업을 자녀가 승계할 경우 발생하는 상속세를 절감해 주는 세법상 제도로서 일정한 요건을 갖춰야 한다. 요건 중 하나가 피상속인(사망한 자)을 포함한 최대 주주가 지분 40% 이상을 10년 동안 계속 보유해야 한다는 것이다. 차명주주로 인해 이 요건을 충족하지 못하면 많은 상속세를 납부해야 한다(가업상속 공제 관련해서는 '출구전략'에서 자세히 보도록 하겠다).

여섯째, 차명주주가 주주명부에 명의개서 되어 있는 상태에서 그 주주가 차명주주인 것으로 파악되면 실질과세 원칙에 따라 과세할 수 있다.

이때 납부할 세금이 과점주주의 불이익인 간주취득세와 2차 납세의무, 그리고 증여 의제에 의한 증여세가 해당한다.

차명주주의 리스크를 나무에 비유할 수 있는데, 나무를 보면 가장 중요한 부분이 뿌리다. 지금은 잎이 무성하고 보기 좋아도 뿌리가 썩었다면 오래가지 못해 죽을 것이기 때문이다. 법인에도 나무의 뿌리와 같은 존재가 주주인데, 이 부분에 차명주주가 있다는 것은 뿌리가 점점 썩어가는 나무와 같은 신세라고 할 수 있다.

차명주주의 지분 양도에 대비한 안전장치 만들기

2020년에 제조업을 하는 법인을 설립한 홍길동은 법인 설립 시 주주를 본인이 40%, 직원 A 30%, 직원 B 30%로 하였다. 그런데 직원 A가 퇴직하면서 자신의 지분 30%를 경쟁사 대표에게 매각하였다. 경쟁사 대표는 홍길동 회사의 대주주가 된 후부터 경영 간섭을 하기 시작했으며, 직원 B의 지분도 인수하기 위해 접촉하고 있다는 소문을 들었다. 위기를 느낀 홍길동은 직원 B의 지분 매각도 저지하고 경영권을 지키기 위해 고민하고 있다.

　이런 경우 활용할 수 있는 제도가 주식 양도 제한에 관한 규정이다. 대법원 판례에 따라 차명주주라고 해도 주주명부에 명의개서되어 있다면 그 사람은 주주로서의 권리를 행사할 수 있다. 또한 그 사람은 자신의 자산이기 때문에 제삼자 등에게 자신의 주식을 매각할 수 있다.

　그리고 이를 양수한 사람은 정당하게 자신이 취득한 자산으로 인식할 것이고, 주주로서의 정당한 권리를 요구할 가능성이 크다.

주주권에는 배당받을 권리와 주주총회에서 의결권을 행사할 수 있는 권리가 있다.

여기서 홍길동에게 중요한 부분이 주주총회에서 의결권 행사를 통해 경영에 간섭하는 부분이다. 특히 양수한 사람이 실제 경영을 목적으로 주식을 양수했다면 경영 간섭, 더 나아가 경영권 분쟁이 발생할 수 있다. 그리고 양수한 사람 입장에서는 비싼 가격에 실소유자에게 다시 주식을 인수해 갈 것을 요구할 수도 있다.

하지만 실소유자는 이런 상황을 원하지 않는다. 이런 경우를 방지하고 싶다면 주식 양도 제한에 관한 규정을 정관에 두면 된다.

주식 양도 제한은 주주가 타인에게 주식을 양도할 경우에 이사회(이사회가 없는 경우엔 주주총회)의 승인을 받도록 하는 「상법」상의 제도로서 비상장 법인에만 허용된다. 이 규정이 효력을 발생하기 위해서는 정관에 규정(상대적 기재 사항)이 있어야 하고, 법인 등기부등본에 등기해야만 한다. 이 규정을 통해 경영권 분쟁 발생 가능성을 없애고, 재산을 지킬 수 있다.

(예시)

정관 제 ＊＊ 조【주식의 양도 및 제한】

① 본 회사의 주식을 타인에게 양도하는 경우 그 양도에 관하여 이사
회의 승인을 받아야 한다.

② 제①항에 따라 이사회의 승인을 얻지 아니한 주식의 양도는 회사
에 대하여 효력이 없다.

③ 주식의 양도에 관하여 이사회의 승인을 얻고자 하는 경우에는 주
식을 양도하고자 하는 주주는 회사에 대하여 양도의 상대방 및 양
도하고자 하는 주식의 종류와 수를 기재한 서면으로 양도의 승인
을 청구할 수 있다. 이 경우 회사는 청구가 있는 날부터 1월 이내
에 주주에게 그 승인 여부를 서면으로 통지해야 한다.

④ 기타 주식 양도의 제한과 관련된 사항은「상법」이 정하는 바에 의
한다.

06

차명주주는
언제 정리하는 것이 좋은가요?

2020년에 자본금 1억 원으로 제조업을 하는 법인을 설립한 홍길동은 법인 설립 시 주주의 중요성에 대해 몰라서 주주를 본인이 40%, 동생 30%, 친구 30% 지분으로 하였다. 기업 가치에 대해 신경을 쓰고 있지 않던 홍길동은 기장 세무사로부터 4년 만에 기업 가치가 10억 원으로 10배 성장했다는 말과 동생과 친구 지분을 빨리 정리하는 것이 좋겠다는 말을 들었다. 하지만 홍길동은 아직 차명주주 문제에 대한 심각성과 그에 따른 정리의 필요성을 못 느끼고 있다. 홍길동은 왜 지금 차명주주를 정리해야 할까?

그 이유는 두 가지다.

첫째, 지금이 차명주주와의 관계가 가장 좋다는 것인데, 차명주식을 정리하기 위해서는 차명주주의 협조가 있어야 무리 없이 정리할 수 있기 때문이다. 만약 관계가 좋지 않다면 차명주주가 돌려줄 생각을 하지 않을 가능성이 높고, 그러면 소송으로 갈 가능성이 크다.

둘째, 지금이 기업 가치가 가장 낮을 때이기 때문이다. 차명주주를 정리하기 위해선 자금이 필요하고 세금이 발생한다. 이런 부분은 기업 가치와 비례한다. 지금이 그 기업의 미래 성장을 예상한다면 기업 가치가 가장 낮을 가능성이 크다. 기업은 적자가 발생하지 않는다면 사업을 함에 있어 지속적으로 성장할 것이다. 기업이 성장한다는 것은 주주들의 지분 가치가 증가한다는 것을 말한다.

이 경우에도 처음 동생과 친구의 지분 가치가 3,000만 원이었지만 현재의 가치는 3억 원이다. 앞으로 기업 가치는 더 높아질 가능성이 크고, 기업 가치가 높아지면 정리하는 과정에서 더 많은 자금이 필요하고, 또한 세금도 더 많이 발생할 것이다.

따라서 차명주주가 있다면 지금 바로 정리하는 것이 합리적이다. 하지만 대표들은 이 문제에 대해 우선순위를 뒤에 두고 회사를 성장시키기 위해 노력한다. 당장 사업을 하는 데 지장이 없기 때문이다. 그리고 정리의 필요성을 느꼈을 때는 기업가치가 매우 높아져 정리하는 과정에 많은 필요 자금과 세금 때문에 이러지도 저러지도 못하는 상황이 발생할 수 있다.

차명주주 정리하기 좋은 시기

상황에 맞게 차명주주를 정리해야 추가 문제가 발생하지 않는다

법인 설립 시 주주의 중요성을 잘 몰라 차명주주를 두었던 홍길동은 지금 이라도 차명주주를 정리하고 싶은데 어떤 방법으로 하는 것이 좋을지 고민 이다.

차명주주를 정리하려고 할 때 그 과정에서 발생하는 세금과 필 요 자금에 대해 고려한 후 진행해야 한다. 그런데 이를 위해서는 몇 가지 반드시 확인해야 할 부분이 있다.

첫째, 자본금 납입과 관련된 금융 거래 내용이다.

실제로 자본금 전액을 대표가 납입한 금융 거래 내용이 있거나, 아니면 차명주주로부터 법인 설립 시점에 받아 놓은 확인서가 있 는지를 확인해야 한다.

둘째, 주주 변동 현황을 확인해야 한다.

차명주주가 A ⇨ B ⇨ C 이렇게 여러 차례 변동 현황이 있다면 명의신탁 해지 환원으로 정리하기 어렵기 때문이다.

셋째, 증자가 있었는지를 확인해야 한다.

증자가 있었다면 증자 시점의 증여세 계산 시 액면가를 기준으로 하는 것이 아니라, 그 시점의 해당 법인의 실 주식 가치를 기준으로 계산하기 때문에 상당히 많은 증여세가 발생하게 된다.

넷째, 실 주주와 차명주주의 관계를 확인해야 한다.

가족 관계 여부, 지분율 정도, 임직원 여부 등에 따라 특수관계인에 해당된다면 저가 매매로 차명주주를 정리할 경우 많은 제약이 있다. 특히 차명주주가 등기임원이라면 지금이라도 등기임원에서 해임한 후 직원으로 해야 저가 매매로 차명주주를 정리할 때 유리

차명주주 정리 방법과 세금

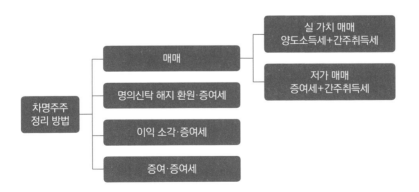

하다.

    그럼 각 상황에 맞는 차명주주 정리 방법에 대해 자세히 알아보
도록 하자.

08

매매로 차명주주를 정리할 때 어떤 세금이 발생하나요?

2020년에 자본금 1억 원으로 제조업을 하는 법인을 설립한 홍길동은 법인 설립 시 주주의 중요성에 대해 몰라서 주주를 본인이 40%, 동생 30%, 친구 30% 지분으로 하였다. 기업 가치에 대해 신경을 쓰고 있지 않던 홍길동은 4년 만에 기업 가치가 10억 원으로 10배 성장했다는 말과 동생과 친구 지분을 빨리 정리하는 것이 좋겠다는 말을 들었다. 홍길동은 기장 세무사와 상의해 매매로 동생과 직원의 지분을 정리하기로 했다.

매매로 차명주주를 정리할 때 어떤 문제가 발생할까?

첫째는 매매 가격 결정과 자금 출처이고, 둘째는 발생하는 세금이다.

먼저 차명주주 1인당 매매 가격을 현 가치인 3억 원으로 결정하면 홍길동은 총 6억 원의 자금 출처가 필요하고, 양도소득세가 1억 700만 원 발생한다. 이 방법은 홍길동 입장에서는 실행하기 어렵

표 1. 현 가치 매매로 차명주주 정리 시 예상 양도소득세

[단위: 천 원]

구분	동생	친구
양도가액	300,000	300,000
취득가액	30,000	30,000
양도차익	270,000	270,000
기본공제	2,500	2,500
과세표준	267,500	267,500
세율	20%	20%
산출세액	53,500	53,500

비상장법인 주식 양도소득세	
과세표준	세율
3억 이하	20%
3억 초과	25%

다. 그 이유는 자기 주식을 찾아오는 데 1억 700만 원의 세금을 납부한다는 것을 받아들이기 쉽지 않기 때문이다(표 1 참조).

그래서 매매 가격이 액면가인 3,000만 원으로 매매하는 저가 매매로 정리할 수 있는데, 이 경우에는 저렴하게 매입한 부분에 대한 증여세 문제가 발생한다. 사례에서 보면 홍길동이 동생과 친구와의 저가 매매로 각각 2억 7,000만 원만큼 이익을 본 것으로 간주해 증여세를 납부해야 한다(표 2 참조).

증여세를 계산할 때 일부 공제해 주는데 공제 금액은 홍길동과 차명주주의 관계에 따라 달라진다. 만약 차명주주와의 관계가 특수관계인이라면 Min(시가 30% or 3억 원)을 공제하고, 특수관계인이 아니라면 '시가 30% or 3억 원'을 공제할 수 있다.

저가 매매로 정리하는 것이 세금 부분에서 상당히 유리하다. 하

표 2. 액면가 저가 매매로 차명주주 정리 시 예상 증여세

[단위: 천 원]

	특수관계인 경우 증여세 계산	동생	친구
	시가-대가증여가액	270,000	270,000
−	Min(시가 30% or 3억 원)	90,000	90,000
=	증여가액	180,000	180,000
−	증여공제	10,000	0
=	과세표준	170,000	180,000
×	세율	20%	20%
=	산출세액	24,000	26,000

[단위: 천 원]

	특수관계인 아닌 경우 증여세 계산	동생	친구
	시가-대가	270,000	270,000
−	Min(시가 30% or 3억 원)	300,000	300,000
=	증여가액	−30,000	−30,000
−	증여공제	10,000	0
=	과세표준	−40,000	−30,000
×	세율	0	0
=	산출세액	0	0

지만 동생은 특수관계이면서 가족이기 때문에 저가 매매를 하더라도 양도소득세는 시가로 매매한 것으로 신고, 납부해야 한다. 즉 동생 명의 차명주식을 액면가로 저가 매매하더라도 양도소득세는 5,350만 원을 납부해야 한다.

형제 등이 차명주주로 되어 있는 경우엔 저가 매매를 통해 양도

매매로 차명주주 정리 시 이슈와 발생 세금

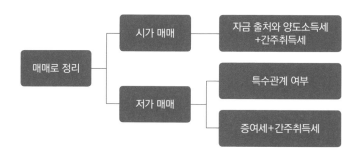

소득세를 줄이기 어렵다는 것이다. 여기서 다시 한번 상기해야 할 부분이 차명주주를 활용할 때 형제 등을 활용하는 것은 정리 시에 많은 자금이 필요하고 큰 세금이 발생할 수 있다는 것이다.

친구의 경우에도 지분을 30% 이상 보유하고 있기 때문에 특수관계인에 해당한다(국세기본법 제2조 20호). 따라서 부득이한 사정으로 지인을 차명주주로 할 경우에도 30% 미만으로 하는 것이 차명주주를 정리할 때 유리하다.

임직원을 차명주주로 했을 경우에도 특수관계인 여부에 따라 차이가 있다. 차명주주가 직원이라면 퇴직하면 특수관계인 관계가 해소되기 때문에 저가 매매로 정리하기가 쉽다. 하지만 등기 임원인 경우에는 퇴직 후 3년이 경과해야 특수관계인 관계가 해소되기 때문에 저가 매매를 통해 정리하는 데는 제약이 있다. 그래서 어쩔 수 없이 임직원을 차명주주로 해야 하는 상황이면 등기임원보다는 직원으로 하는 것이 차명주주를 정리할 때 발생할 수 있는 세금 등을 줄일 수 있다.

매매를 통해 차명주주를 정리하면 양도소득세, 증여세 외에 추가적인 세금이 발생할 수 있다. 차명주주를 정리하면 홍길동은 과점주주가 되는데, 과점주주가 된 시기가 법인 설립 시점이 아니기 때문에 간주취득세 납세 의무가 발생한다.

　법인 자산 중 부동산, 자동차 등 취득세가 발생하는 자산의 장부가액이 30억 원이라면 [30억 원×100%(지분율)×2%(세율)=6,000만 원]의 간주취득세가 발생한다. 이 간주취득세는 과점주주가 되는 홍길동이 납부해야 하기 때문에 부담이 클 수 있다. 그리고 간주취득세 부담이 커서 매매를 통한 차명주주를 정리하지 못하는 경우도 있다. 그러므로 처음부터 차명주주를 발생시키지 않는 것이 합리적이다.

09

명의신탁 해지로 차명주주 정리는 어떻게 하는 건가요?

2020년에 자본금 1억 원으로 제조업을 하는 법인을 설립한 홍길동은 법인 설립 시 주주의 중요성에 대해 몰라서 주주를 본인이 40%, 동생 30%, 친구 30% 지분으로 하였다. 기업 가치에 대해 신경을 쓰고 있지 않던 홍길동은 4년 만에 기업 가치가 10억 원으로 10배 성장했다는 말과 동생과 친구 지분을 빨리 정리하는 것이 좋겠다는 말을 들었다. 홍길동은 기장 세무사와 상의해 매매로 동생과 직원의 지분을 정리하려고 했더니 많은 양도소득세, 증여세, 간주취득세가 발생할 것으로 예상되어 포기하였다. 다른 방법에는 무엇이 있을까?

명의신탁 해지 환원을 통한 차명주주 정리 방법이 있다.

이 용어를 먼저 풀이해 보면 차명주주를 믿고 차명주주 명의로 맡겨 놓은 자산에 대해 그 관계를 처음부터 없었던 것으로 하고 찾아오는 방법이다. 발기인 요건에서 본 것처럼 2001년 7월 23일 이전에 설립한 법인의 경우에는 3명의 발기인이 필요했다. 이 기준으로 인해 최소 2명의 차명주주가 발생할 수밖에 없었다.

따라서 법 규정으로 인해 차명주주가 발생할 수밖에 없었던 2001년 7월 23일 이전에 설립한 법인의 경우에는 '간소화 조치'로 차명주주를 정리할 수 있다. 이를 위해서는 다음과 같은 요건이 충족되어야 한다.

첫째, 2001년 7월 23일 이전 설립 법인일 것

둘째, 조세특례제한법 시행령 제2조에 의한 중소기업인가?

셋째, 실제 주주, 차명주주 모두 발기인인가(설립 시 지분율이 유지되어야 함)?

넷째, 법인설립 당시에 명의신탁 한 주식을 실제 소유자에게 환원하는 경우인가?

다섯째, 전년 전체 차명주주의 지분가치가 30억원 미만인가?

이 모든 요건을 충족한다면 국세청의 확인을 받아 지분을 되찾아 올 수 있다.

그런데 홍길동의 경우엔 간소화 조치 대상에 해당하지 않는다. 이 경우 홍길동이 선택할 수 있는 방법이 명의신탁 해지 환원으로

「상법」상 법인 설립 시기와 발기인 기준

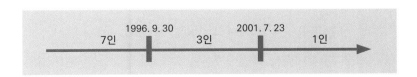

설립 시기에 따른 명의신탁 해지 환원으로 정리 방법

찾아오는 것이다. 하지만 명의신탁 해지 환원으로 차명주주를 정리하기 위해선 반드시 자신이 실제 주주임을 입증해야 한다.

그리고 2001년 7월 24일 이후 설립 법인은 「상법」상 1인 주주도 가능한데 차명주주를 활용했다는 것은 법률을 위반했다고 볼 수 있다. 그 위반에 대한 불이익으로 증여세가 발생한다. 증여세는 차명주주에게 지분을 준 시점을 증여일로 하고, 증여세는 증여일이 속한 달의 말일로부터 3개월 이내에 신고, 납부해야 한다. 그런데 이를 하지 않았기 때문에 가산세가 추가로 발생한다.

홍길동은 차명주식임을 어떻게 입증할 것인가?

첫째, 일반적인 방법으로 명의신탁 시점에 실소유자와 차명주주가 명의신탁임을 입증할 수 있는 약정서를 작성하고 공증 등을 받은 자료가 있다면 입증이 가능하다.

둘째, 입증할 약정서 등이 없다면 법인 설립 시 자본금 납입과 관련된 금융 거래 내용을 확인해 볼 수 있다. 만약 모든 자본금 납입을 실소유자가 혼자 하고, 차명주주들은 자본금을 납입한 내용이 없다면 그 금융 거래 내용으로 입증할 수 있다.

셋째, 자본금 납입에 대한 금융 거래 내용을 확인할 수 없다면 과거 배당 내용을 확인하는 것이다. 법인에서 매년 주주들에게 지분율대로 배당하고, 배당금을 수령한 차명주주가 그 배당금을 실소유자에게 입금한 내역이 여러 차례 있다면 이 부분을 가지고 입증할 수 있다.

실소유자에게 배당금을 돌려주었다는 것은 차명주주 입장에서는 자신은 실제 주주가 아니라는 것을 표현하는 상황이 될 수 있기 때문이다. 이 방법으로 차명주주를 정리하면 실소유자 입장에서는 배당소득에 대해 수정신고하고 세금을 더 납부해야 한다. 그 이유는 원칙대로라면 모든 배당금을 실소유자 1인이 받고, 그에 대한 소득세를 납부해야 했는데, 차명주주들과 배당금을 나누어 받아 그 세금이 감소했기 때문이다.

명의신탁 해지로 정리 시 입증 방법

넷째, 소송을 생각해 볼 수 있다. 실소유자가 차명주주를 상대로 반환 소송을 제기하는 것인데, 이는 차명주주가 변심하여 자신의 소유권을 주장할 경우 실행할 수 있는 방법이다. 그런데 실소유자와 차명주주가 통정하여 소송을 제기하는 경우에는 과세당국에서 실질이 없다고 판단해 법원의 판결을 부인할 수도 있다. 또한 소송 과정에서 실소유자와 차명주주 사이가 진짜로 안 좋아질 수도 있다. 따라서 소송에 의한 명의신탁 해지 환원은 마지막 방법으로 활용해야 한다.

10

명의신탁 해지로 차명주주를 정리하면 어떤 세금을 납부하나요?

명의신탁 해지 환원으로 차명주주를 정리한다면 세금 부분에서 유리한 점이 있다.

첫째, 증여세가 적게 발생할 수 있다.

명의신탁 시점의 기업 가치에 대해 증여세가 발생하는데, 법인 설립 시점의 기업 가치는 액면가이기 때문이다. 사례에서도 차명 주주 1인당 액면가액 3,000만 원에 대한 증여세 300만 원과 가산 세가 발생한다. 매매로 인한 경우보다 세금이 상당히 감소한다. 또 한 증여 시기로부터 15년 3개월이 경과했다면 증여세 납부 의무가 사라진다.

일반적으로 동생에게 증여 시 1,000만 원을 증여공제 받을 수 있 으나, 다음 세금 계산표를 보면 알 수 있는 것처럼 차명주주를 명의 신탁 해지 환원으로 정리할 경우에는 공제받을 수 없다. 그 이유는 앞에서도 이야기한 것처럼 차명주주 자체가 불법이기 때문이다.

이 경우 납부할 증여세는 동생과 친구를 주주로 한 시점의 가치인 3,000만 원에 대해 증여세를 납부하는데 지금의 기업 가치보다 낮기 때문이다. 따라서 차명주주 1인당 가산세를 포함해 456만 원의 증여세를 납부하면 차명주주를 정리할 수 있다

이는 매매를 통한 정리 시 납부할 양도소득세 5,350만 원보다 세금이 적다. 하지만 차명주주의 변동이 여러 차례라면 그때마다 그 시점의 높아진 기업 가치로 증여한 것으로 보기 때문에 많은 증여세와 가산세가 발생할 수 있다. 따라서 명의신탁 해지 환원으로 차명주주를 정리하기 위해선 주주 변동이 없는 경우가 유리하다(이 부분은 뒤에서 자세히 설명).

명의신탁 해지로 정리 시 예상 증여세와 가산세

[단위: 천 원]

구분	동생	친구
증여가액	30,000	30,000
증여공제	0	0
과세표준	30,000	30,000
세율	10%	10%
산출세액	3,000	3,000
무신고가산세(20%)	600	600
납부불성실가산세(8%,4년)	960	960
총납부할 세액	4,560	4,560

※ 가산세(2024년 기준) 중 무신고 가산세는 미납 세액에 대해 일반적인 경우에는 20%, 고의·부정행위인 경우엔 40%가 발생하고, 납부불성실 가산세는 [미납 세액×연 0.022%×납부 지연 일수]

현 가치 매매로 차명주주 정리 시 예상 양도소득세

[단위: 천 원]

구분	동생	친구
양도가액	300,000	300,000
취득가액	30,000	30,000
양도차익	270,000	270,000
기본공제	2,500	2,500
과세표준	267,500	267,500
세율	20%	20%
산출세액	53,500	53,500

둘째, 간주취득세가 발생하지 않는다.

그 이유는 명의신탁 해지 환원을 통해 과점주주가 되더라도 그 시점을 법인 설립 당시로 보기 때문이다. 즉 법인 설립 시부터 과점주주는 간주취득세 의무가 발생하지 않는다.

11

주주 변동이 많으면 명의신탁 해지 환원 으로 차명주주를 정리하지 못하나요?

2020년에 자본금 1억 원으로 제조업을 하는 법인을 설립한 홍길동은 법인 설립 시 주주의 중요성에 대해 몰라서 지분을 본인 70%, 직원 A 30%로 하였다. 그런데 직원 A가 중도에 퇴직해서, 그 지분을 직원 B 명의(총 기업 가치 10억 원)로 이전했다. 그런데 직원 B도 얼마 후 퇴직해 다시 직원 C 명의(총 기업 가치 20억 원)로 지분을 이전하였다. 지금에서야 홍길동은 명의신탁 해지 환원으로 차명주주를 정리하려고 하는데, 기장 세무사가 어렵다고 한다. 왜 그럴까?

주주 변동이 많다면 명의신탁 해지 환원으로 차명주주를 정리하기 어렵다.

그 이유는 명의 변경 시점마다 그 시점의 기업 가치를 기준으로 증여세가 발생하기 때문이다. 이 사례에서 보면 처음 직원 A로 했을 때, 다시 직원 B 명의로 했을 때, 마지막으로 직원 C 명의로 했을 때 각 시기의 기업 가치로 증여세가 발생한다.

총 3회의 증여에 대한 증여세는 다음과 같다(다음 상속세 및 증여세율 표 참조).

- 직원 A 명의로 했을 때: 자본금 1억 원의 30%인 3,000만 원×
  10%=300만 원과 가산세
- 직원 B 명의로 했을 때: 기업 가치 10억 원의 30%인 3억 원×
  20%−1,000만 원=5,000만 원과 가산세
- 직원 C 명의로 했을 때: 기업 가치 20억 원의 30%인 6억 원×
  30%−6,000만 원=1억 2,000만 원과 가산세

총 납부할 세금은 1억 7,300만 원의 증여세와 가산세가 발생하게 되어 명의신탁 해지 환원으로 차명주주를 정리하기 어려울 수 있다. 따라서 명의신탁 해지 환원으로 차명주주를 정리하기 위해선 과거에 주주 변동이 없었어야 한다.

주주 변동이 많았다면 앞에서 공부한 저가 매매로 정리하는 방법과 세금 등을 비교한 후 유리한 방법을 선택하는 것이 합리적이다.

상속세 및 증여세율

과세표준	세율	누진공제
1억 원 미만	10%	
1억~5억 원 미만	20%	1,000만 원
5억~10억 원 미만	30%	6,000만 원
10억~30억 원 미만	40%	1억 6,000만 원
30억 원 이상	50%	4억 6,000만 원

12

증자를 했다면 명의신탁 해지 환원으로 차명주주를 정리하지 못하나요?

CASE

2016년에 자본금 1억 원(액면가 1만 원×1만 주)으로 제조업을 하는 법인을 설립한 홍길동은 법인 설립 시 주주의 중요성에 대해 몰라서 주주를 본인이 70%, 직원 A 30% 지분으로 하였다. 7년 후 공장 신축을 위한 자금이 필요해 대출을 신청했더니 부채비율이 높아 대출이 어렵다고 한다. 홍길동은 부채비율을 낮추기 위해 자본금을 2억 원(증자 전 주당 가격 50만 원, 총 기업 가치 50억 원)으로 증자했다. 회사가 성장함에 따라 홍길동은 직원 A의 지분을 명의신탁 해지 환원으로 정리하려고 했으나, 기장 세무사가 세금이 너무 많이 발생한다고 한다. 왜 그럴까?

자본금을 1억 원에서 2억 원으로 증자한 경우 많은 대표가 추가 자본금 1억 원의 30%인 3,000만 원에 대한 증여세가 발생하는 것으로 생각하지만, 그렇지 않다. 그 이유는 비록 액면가는 3,000만 원이지만 홍길동이 직원 A에게 추가로 준 주식의 가치는 [증자 후의 실제 주당 가격×증자 시 증여한 주식 수]에 해당하는 금액을 준 것으로 보기 때문이다.

사례에서 보면 1억 원을 추가로 증자하면서 액면가 1만 원의 주식 1만 주를 발행하였고, 그중 3,000주를 직원 A에게 추가로 증여했다. 하지만 증여가액은 3,000만 원이 아니라 그 시점의 [(50억 원+1억 원)÷(1만 주+1만 주)]×3,000주=7억 6,500만 원을 증여한 것으로 보기 때문이다.

그리고 법인 설립 시 자본금 중 3,000만 원도 증여 가액에 포함되어 총 증여 가액이 7억 9,500만 원(10년 이내 증여 재산은 합산)이 되고, 이에 대한 증여세[(7억 9,500만 원×30%)-6,000만 원=1억 7,850만 원과 가산세]가 발생한다.

가산세(2024년 기준) 중 무신고 가산세는 미납 세액에 대해 일반적인 경우에는 20%, 고의·부정행위인 경우에는 40%가 발생하고, 납부불성실 가산세는 [미납 세액×연 0.022%×납부 지연 일수]로 발생하기 때문에 가산세 부담도 상당히 클 수 있다.

만약 증자를 해야 할 상황이라면 먼저 차명주주를 정리한 후 증

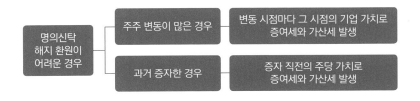

명의신탁 해지 환원으로 정리하기 어려운 경우와 그 이유

- 명의신탁 해지 환원이 어려운 경우
  - 주주 변동이 많은 경우 → 변동 시점마다 그 시점의 기업 가치로 증여세와 가산세 발생
  - 과거 증자한 경우 → 증자 직전의 주당 가치로 증여세와 가산세 발생

자를 진행해야 한다. 그런데 차명주주를 정리하기 어려운 상황이라면 차명주주는 증자에 참여하지 않는 불균등 증자를 활용하는 것이 합리적이다. 불균등 증자를 할 경우 상황에 따라 증여세가 발생할 수 있기 때문에 꼼꼼히 검토 후 증자를 실행해야 한다.

13

이익 소각으로 차명주주를 정리하는 방법은 무엇인가요?

2014년에 산업용 가스 판매업을 시작한 홍길동은 사업이 잘되어 기업가치가 매우 높아지자 최근 고민이 생겼다. 법인 설립 시 차명주주로 참여했던 매형이 차명주식에 대해 욕심을 갖게 되었다는 것이다. 설립 시 자본금은 1,000만 원이고, 주주별 지분율은 본인:배우자:매형=34%:33%:33% (340만 원:330만 원:330만 원)이다.

　이 기업이 성장해 현재 총 기업 가치는 14억 2,000만 원이다. 그에 따라 매형의 주식 가치는 4억 6,860만 원이다. 이에 홍길동은 매형의 욕심이 더 커지기 전에 매형 지분을 정리하고자 한다. 하지만 매매나 명의신탁 해지 환원으로 정리할 수 없는 상황에서 이익 소각으로 정리할 수 있다는 말을 들었다. 어떻게 하는 것일까?

　이익 소각 또는 유상감자란 법인이 보유하고 주식을 소각해 없애 버리는 것을 말한다. 이 둘의 구분은 주식 수가 감소했으나 자본금의 변화가 없으면 이익 소각(액면가 상승)이고, 주식 수 감소에 따라 자본금이 감소하는 경우는 유상감자이다. 이 둘을 구분해 실행하는 이유는 업종(건설업이 대표적)에 따라 자본금 요건을 지켜야 하는 경우가 있기 때문이다. **이하에서는 편의상 '이익 소각'으로 부르기로 하겠다.**

이익 소각을 하기 위해서는 먼저 법인이 주주의 주식을 매입해야 한다. 매입할 때는 법인에서 매입할 만큼의 자금을 확보하고 있어야 하고, 매입 후 법인이 계속 보유할 것인지, 아니면 소각할 것인지에 따라 세금이 달라진다.

먼저 법인이 계속 보유하는 경우에 대해 알아보자.

법인이 매입한 주식을 계속 보유한다면 매각한 주주가 주식의 취득 가격과 매각 시 양도 가격의 차이에 대해 양도소득세를 납부해야 한다. 양도소득세는 비상장 주식이기 때문에 양도차익의 3억 원까지는 20%, 3억 원 초과분에 대해서는 25%의 세율을 적용해 납부한다.

사례에 대입해 보면 법인이 매형의 지분을 시가로 매입해 보유한다면, 먼저 법인에서 매형에게 4억 6,860만 원을 지급해야 한다. 그리고 매형은 차익 양도 4억 6,530만 원에 대한 양도소득세 [4억 6,530만 원-250만(양도세 기본공제)=과세표준 4억 6,280원]에 대해 [(3억 원×20%)+(1억 6,530만 원×25%)=1억 700만 원]을 납부해야 한다.

하지만 법인은 이렇게 취득 후 보유하고 있는 주식을 언젠가는 자녀 또는 제삼자에게 매각 등 처분해야 하고, 그 시점에 또다시 세금과 많은 자금이 필요한 상황이 발생할 수 있으므로 법인이 자사

법인이 자사주 매입 후 보유 또는 소각에 따라 주주가 납부할 세금 비교

비상장 법인의 주식 양도소득세율

주 취득 후 계속 보유하고 있는 것은 차명주주 정리의 완결이 아니라 미봉책에 불과하다.

다음으로 법인이 매입한 주식을 이익 소각하는 것에 대해 알아보자. 이 경우에는 앞에서 본 양도차익에 대해 배당소득세를 납부해야 하는데, 그 이유는 형태는 배당이 아니지만 배당으로 간주하는 의제배당에 해당하기 때문이다.

배당소득세는 배당소득 2,000만 원까지는 14%로 분리과세하고, 초과분에 대해서는 다른 소득과 합산해 최고 45%의 세율로 종합과세 된다. 세율에서는 법인이 매입한 주식을 계속 보유하는 경우 납부하는 양도소득세보다 더 높은 세율이 적용되어 양도소득세보다 더 많은 세금이 발생할 수 있다. 배당소득은 종합소득에 해당하기 때문에 건강보험료 등이 추가로 발생한다.

사례에 대입해 보면 법인이 매입 주식을 이익 소각한다면, 먼저 법인에서 매형에게 4억 6,860만 원을 지급해야 한다. 그리고 매형은 소각 이익 4억 6,530만 원에 대한 배당소득세 1억 5,420만 원을 납부해야 한다. 법인에서 보유하는 경우 납부할 양도소득세보다 5,350만 원 더 많다(다음 계산표 참조).

홍길동 입장에서는 보유하는 것과 소각하는 것 중 어느 하나를 선택하기 어려울 수 있다.

자사주 매입 후 보유 시 양도소득세

[단위: 천 원]

양도가액	468,600
취득가액	3,300
양도차액	465,300
기본공제	2,500
과세표준	462,800
세 율	20~25%
산출세액	100,700

자사주 매입 후 소각 시 배당소득세

[단위: 천 원]

배당소득금액	465,300
GROSS-UP(*)	44,530
과세표준	509,830
세 율	40%
산출세액(**)	198,732
배당세액공제	44,530
납부할 세액	154,202

* GROSS-UP은 배당소득에 대한 이중과세를 조정하기 위해 배당금 중 2,000만 원 초과분에 대한 10%를 더해 산출세액 계산 후 그 만큼을 배당세액공제로 차감함
** 산출세액 계산 시 누진공제는 다른 소득에 반영함
[(20,000천 원×14%)+(509,830천 원-20,000천 원)×40%]=198,732천 원

14

액면가 이익 소각으로 차명주주를 정리할 때 무슨 문제가 발생하나요?

홍길동 입장에선 차명주주의 주식을 시가로 매입 후 소각하는 것이 아니라 액면가로 매입 후 소각하려고 한다. 이 경우에 발생할 수 있는 문제는 무엇인가요?

시가로 매입 후 소각하게 되면 우선 법인에서 많은 자금을 차명주주에게 지급해야 한다는 부담이 있으며, 세금도 많이 발생한다. 하지만 액면가로 매입 후 소각 등을 하는 경우에는 차명주주에게 적은 자금을 지급하면 되고 세금 부분에서도 배당소득세가 발생하지 않는 등 유리한 부분이 있다.

하지만 액면가로 매입 후 소각하면 법인의 경우에는 시가로 매입한 경우보다 적은 자금이 감소하게 된다. 사례의 경우에 대입하면 원칙적으로는 매형에게 4억 6,800만 원을 지급해야 했으나, 330만 원만 지급하면 된다. 하지만 그로 인해 법인이 이익을 보게 되고, 법인이 이익을 보게 되면 결국 주주가 이익을 본 것으로 간주한다. 따라서 남아 있는 주주들에게 증여세가 발생한다.

이를 간단히 계산하면 다음과 같다.

[단위: 원]

주주	주식 수	액면가	소각 전 기업가치 (A)	소각 대가 (B)	소각 후 가치 (A-B)=C	주주별 증여 이익 (C-A)	예상 증여세
홍길동	680	3,400,000	482,800,000		718,922,388	236,122,388	35,224,478
배우자	660	3,300,000	468,600,000		697,777,612	229,177,612	34,835,522
매형	660	3,300,000	468,600,000	-3,300,000			
합계	2,000	10,000,000	1,420,000,000	-3,300,000	1,416,700,000	465,300,000	69,060,000

　이 계산식을 분석하면, 법인의 입장에선 시가로 매입하는 경우 보다 훨씬 적은 액면가 기준 330만 원만 준비하면 되기 때문에 유동자금의 부담이 거의 없다. 그리고 세금 부분에서도 홍길동은 [(236,122,388원-10,000,000원(기타 친족 증여공제))×20%-1,000만 원(누진공제)=35,224,478원]과 배우자는 [(229,177,612원-1,000만 원)×20%-10,000,000원=34,835,522원]의 증여세를 각각 납부하고 부부합산 6,906만 원 정도만 납부하면 된다. 이는 시가로 매입 후 소각 시 납부할 배당소득세 1억 5,420만 원보다 8,514만 원 적은 세금이 발생하는 결과다.

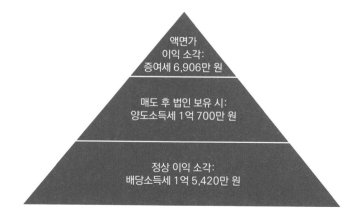

따라서 차명주주를 정리할 때 그 주주의 주식을 소각하는 방법을 선택하고자 한다면 액면가로 이익 소각하고 주주가 증여세를 납부하는 것이 유리한 경우가 있을 수 있다.

15

차명주주로부터 지분을 증여받아 정리할 수 있나요?

CASE

2020년에 자본금 1억 원으로 제조업을 하는 법인을 설립한 홍길동은 법인 설립 시 주주의 중요성에 대해 몰라서 주주를 본인이 40%, 직원 A 30%, 직원 B 30% 지분으로 하였다. 2021년에 직원 A와 B가 퇴사해 그들의 지분을 부친과 동생 명의로 이전했다.

현재 기업 가치가 10억 원으로 10배 성장했다는 말과 부친과 동생 지분을 빨리 정리하는 것이 좋겠다는 말을 들었다. 홍길동은 기장 세무사와 상의해 부친과 동생의 지분 정리 시 매매와 증여 중 어느 것이 유리한지 검토하고 있다. 홍길동에게는 배우자와 성인 자녀 2명이 있다.

첫째, 매매로 부친과 동생의 지분을 인수하는 방법에 대해 알아보자. 이를 위해서는 우선 6억 원의 현금이 필요하고, 양도소득세가 발생한다. 그리고 자녀들이 부친과 동생의 지분을 매수할 경우 매수 금액에 대한 자금 출처가 있어야 한다. 신고 소득이 없다면 홍길동이 매수 금액을 증여해야 하기 때문에 증여세가 추가로 발생한다.

둘째, 부친과 동생이 홍길동의 배우자와 자녀들에게 증여하는 것이다. 이 경우에는 자금 출처 문제는 발생하지 않지만, 증여세 문제가 발생한다. 그리고 혹시 과세당국이 부친과 동생의 지분을 차명주식으로 보고 부친과 동생이 주주가 된 시점의 기업 가치를 기준으로 증여세와 가산세를 부과할 수 있다.

각각의 방법에 따른 직접적인 세금의 차이를 비교해 보자(다음 세금 계산표 참조).

먼저 자녀들이 부친과 동생의 지분을 매매하는 경우의 세금을 계산해 보자.

자녀들은 취득 자금이 없기 때문에 홍길동이 자녀들에게 3억 원을 현금 증여해야 한다. 이 과정에서 자녀 1인당 4,000만 원이고, 2명이면 8,000만 원의 증여세가 발생한다.

그리고 자녀들이 각각 부친과 동생의 지분을 현재 가치 3억 원으로 매입한다면 1인당 양도소득세가 5,350만 원이 발생하고, 2명이면 1억 700만 원의 양도소득세를 납부해야 한다. 자녀들과 부친, 동생은 특수관계인이어서 저가 매매를 하더라도 양도소득세는 현재 가치로 계산한 세금을 납부하기 때문에 저가 매매를 통해 세금을 줄일 수 없다.

다음으로 홍길동을 제외한 배우자와 자녀들이 부친과 동생에게

자녀들에게 현금 증여 후 매매로 차명주주 정리 시 예상 증여세와 양도소득세

[단위: 천 원]

수증자	자녀 1과 2에 각각
증여가액(1인당)	300,000
증여공제	50,000
과세표준	250,000
세율	20%
산출세액(1인당)	40,000
세금 합계(2인 합계)	80,000

[단위: 천 원]

양도자	부친	동생
양도가액	300,000	300,000
취득가액	30,000	30,000
양도차익	270,000	270,000
기본공제	2,500	2,500
과세표준	267,500	267,500
세율	20%	
산출세액	53,500	53,500
세금 합계	107,000	

증여로 차명주주 정리 시 예상 증여세

[단위: 천 원]

구분	부친 ⇨ 자 1	부친 ⇨ 자 2	동생 ⇨ 배우자(홍길동 배우자)
증여가액	150,000	150,000	300,000
증여공제	50,000	50,000	10,000
과세표준	100,000	100,000	290,000
세율	10%	10%	20%
산출세액	10,000	10,000	48,000
세대 생략 할증	3,000	3,000	0
납부할 세액	13,000	13,000	48,000
총납부할 세액	74,000		

※ 일반적으로 증여는 '부친 ⇨ 홍길동 ⇨ 자녀' 이렇게 자산을 증여하면서 두 번의 증여세를 납부하는 것이 일반적이다. 반면 세대생략 증여는 '부친 ⇨ 자녀'에게 바로 증여하기 때문에 증여세를 1회만 납부하면 되기 때문에 증여세를 줄일 수 있다. 이에 대해 과세당국은 산출된 증여세액의 30%(증여 재산 20억 원 초과 시 40%)의 세금을 더 납부해야 한다. 이를 세대생략 할증 과세라고 한다.

각자의 지분을 증여받는 경우의 증여세는 7,400만 원이 발생한다. 여기서 증여세를 줄이기 위해서는 증여 공제를 많이 받을 수 있도록 부친의 지분을 손자인 홍길동의 자녀들이 증여받는 것이다.

이 경우 세대 생략 증여에 해당하여 납부할 증여세의 30%를 더 납부해야 하는 할증과세에 해당하지만, 며느리인 홍길동의 배우자(기타 친족 1,000만 원)보다 증여공제가 크고 증여세율이 10% 이기 때문에 며느리인 홍길동의 배우자가 증여받는 것보다 세금이 적다.

따라서 매매로 부친과 동생의 지분을 정리하는 경우와 증여를 통해 부친과 동생의 지분을 정리하는 경우 세금을 비교하면 홍길동의 배우자와 자녀들이 증여받는 것이 유리하다.

하지만 이 경우 주의할 사항은 앞에서도 말한 과세당국이 퇴직 직원들의 지분을 부친과 동생으로 이전한 시점을 차명주식으로 간주해 그 시점의 기업 가치로 증여세와 가산세를 부과할 수 있다는 것이다.

3장

합리적인 가지급금
정리 방법

가지급금은 왜 발생하나요?

건설회사를 경영하고 있는 홍길동은 경리과장으로부터 최근 전년도 결산보고를 받다가 가지급금이 많다는 말을 들었다. 그리고 가지급금 원금과 이자를 상환해야 한다는 말을 듣고 많이 고민하게 되었다. 가지급금이 왜 발생했을까? 어떻게 상환해야 할까?

　법인에서 자금을 집행하면 그에 해당하는 증빙자료를 제출하고 이를 바탕으로 회계 처리를 해야 한다. 법인에서 자금이 집행되었는데 적절한 증빙자료가 없다면 대표이사가 빌려간 것으로 보고 사업연도 중에는 가지급금으로, 결산 시에는 (주주, 임원, 종업원) 단기 대여금 계정과목으로 정리한다.

　가지급금은 비상장 법인에만 발생하는 회계 처리 방식이고, 같은 상황에서 상장회사의 경우에는 횡령에 해당해 형사처벌을 받게된다. 그럼 왜 법인 자금을 사용했는데 증빙자료가 없어 가지급금이 발생하는 것인가? 그건 피치 못할 사정이 있기 때문이다.

첫째, 직원 인건비다.

유능한 직원이 있는데, 개인 신용이 좋지 않아 지급한 급여를 법인에서 인건비로 비용 처리를 못 하는 경우가 있다. 또는 직원의 신용이 좋으나, 그 직원이 급여 신고 등을 원하지 않는 경우에도 가지급금이 발생한다. 이런 경우 대표 입장에서는 그 직원이 없다면 사업을 지속하기 어려울 수 있기 때문에 어쩔 수 없이 그 직원에게 급여를 지급하면서 계속 사업을 한다. 이 과정에서 증빙 처리를 하지 못하는 비용이 발생하게 된다.

둘째, 리베이트 지급 관련이다.

하청 업체의 경우 원청과 실 계약 금액이 1억 원인데, 1억 1,000만 원의 세금계산서를 발행한다. 그러면 원청에선 1억 1,000만 원을 하청 업체에 입금하고, 하청 업체에서는 1,000만 원을 현금으로 다

가지급금 발생 원인

시 원청 업체에 되돌려주는 과정에서 가지급금이 발생한다. 하청 업체의 대표 입장에서는 이렇게라도 하지 않으면 사업을 할 수 없기 때문에 '울며겨자 먹기식'으로 사업을 한다. 그리고 이런 과정이 반복되면 상당히 큰 금액의 가지급금이 대표이사 본인도 모르는 사이에 쌓여 있는 것이다.

셋째, 건설회사의 입찰 요건 등을 맞추기 위해 분식회계를 하는 경우이다.

정상적으로 결산을 하면 적자가 1억 원이 예상되는데, 적자로 인해 입찰 요건을 맞추지 못하면 사업에 심각한 차질이 발생하는 경우가 있을 수 있다.

그럼 법인은 억지로라도 흑자 1억 원으로 결산 자료를 만들어야 하는데 이 과정에서 법인에서는 2억 원(1억 원-(-1억 원)=2억 원)의 자금 공백이 발생하게 된다. 이 자금 공백에 대한 입증자료가 없다 보니 대표이사에게 빌려준 것으로 회계 처리를 한다. 이와 비슷한 모습으로 가지급금이 발생하는 경우가 대기업의 하청 업체 요건, 조달청 입찰 요건을 맞추기 위한 경우이다.

넷째, 경리 직원의 일탈과 기장 세무사 사무실과의 소통 문제로 인해 발생할 수 있다.

법인에서는 업무상 사용한 것으로 알고 있는데 결산 시 이를 세무사 사무실에서 업무 무관 지출로 보고 가지급금으로 처리할 수 있다. 또한 꼼꼼하게 입출금을 맞춰 보면 알 수 있었을 자금 흐름에 대해 제대로 파악하지 않고, 편하게 일하기 위해 가지급금으로 처리할 수 있다.

그리고 그런 명확하지 않은 자금 흐름의 원인이 경리 직원인 경우가 있는데, 많은 대표가 외부 활동을 많이 하다 보니 내부 통제가 이루어지지 않는 경우가 많다. 이런 환경에서 경리 직원들이 법인 자금을 횡령하는 일이 발생하는데, 그 금액을 표시 나지 않게 하기 위해 가지급금을 활용하는 경우가 있다. 따라서 법인 대표의 경우에는 자신이 모르는 가지급금이 있다면 그 원인을 반드시 파악해야 한다.

다섯째, 실질적으로 대표이사가 사용하는 경우이다.

대표적인 경우가 대표이사가 자금이 부족한 상태에서 개인 부동산 등을 취득할 수 있다. 많은 사람이 자금이 부족하면 은행 대출을 통해 해결하지만, 일부 법인 대표이사는 법인으로부터 자금을 빌린다. 왜냐하면 은행에서 대출을 받으려면 각종 서류를 준비해야 하고, 대출금이 나오기까지 긴 시간이 필요할 수 있으며, 이후 매월 상환해야 하는 대출이자 압박이 클 수 있다.

하지만 대표이사가 운영하는 법인 자금의 활용은 쉽게 할 수 있으며, 이자 상환에 대한 압박에 있어서도 강도가 낮다. 은행 대출에 대한 원리금을 기한 내에 상환하지 않으면 개인 재산 압류, 개인 신용 하락 등의 부정적인 영향이 발생할 수 있다. 하지만 가지급금의 경우에는 이런 부작용이 작고, 언제든지 가지급금의 원금과 이자를 상환하면 되기 때문에 가지급금을 활용해 개인 자산을 취득하는 경우가 있다.

그런데 이 경우에는 부동산 등을 처분해 가지급금을 상환해야

하는데 이를 실천하는 대표가 많지 않고, 오히려 반복적인 행위를
통해 가지급금이 증가하는 경우가 많이 있다.

가지급금이 있으면
어떤 불이익이 있나요?

 CASE

건설회사를 경영하는 홍길동은 건설회사는 특성상 가지급금이 있는 것이 당연하다고 생각했다. 그런데 가지급금에 대해 관리하지 않으면 가지급금은 계속해 커질 수 있으며, 많은 불이익이 발생한다는 말을 최근 기장 세무사로부터 들었다.

가지급금이 있으면 어떤 불이익이 발생할까?

첫째, 법인 대출금의 이자에 대한 이자 비용 불인정으로 인한 법인세 증가이다.

만약 10억 원의 대출금이 있는 법인에 대표이사 가지급금 5억 원이 있다면, 대출금 중 5억 원에 해당하는 부분의 납입 이자에 대해서만 비용 처리된다. 대출이자가 4%라면 1년 동안 납입한 총 이자 금액이 4,000만 원이지만, 이 중 2,000만 원만 비용 처리된다. 나머지 2,000만 원은 비용 처리를 할 수 없어 법인세를 추가로 납부해야 한다.

이렇게 처리하는 이유는 법인에서 대출을 받는 것은 사업 관련 자금이 필요해서인데, 사업 관련 자금으로 대출을 받아 대표에게 다시 대출해 준 것으로 보기 때문이다. 대표에게 대출해 준 것은 사업과 무관한 것으로 보기 때문이다.

둘째, 대표의 가지급금 이자 납입으로 인한 법인세 증가이다.

가지급금에 대해 대표는 이자를 납입해야 하는데, 적용 금리는 법인의 가중평균 차입 이자율이 원칙이지만, 당좌대출 이자율(4.6%)이 유리한 경우에는 당좌대출 이자율을 선택할 수 있다. 그러나 한번 선택한 이자율은 3년 동안은 변경하지 못한다. 대표가 납입한 이자 금액은 법인 입장에서는 이자 수익에 해당하여 법인의 이익이 상승하고, 법인세가 증가하게 된다.

셋째, 법인 신용 하락으로 인한 대출 금리 상승 등의 불이익이 있다. 가지급금이 있다는 것은 법인의 회계 처리와 자금 관리가 투명하지 않은 부분이 있다는 것을 보여 주는 반증일 수 있다. 대출해 주는 은행 입장에서는 신용 점수를 낮게 하고, 대출 금리가 상승할 수 있는 원인이 된다. 결국 이자 비용 상승으로 기업 이익이 하락하는 부작용이 발생하게 된다.

넷째, 법인 대표의 소득 처분으로 대표의 종합소득세가 증가한다.

대표가 가지급금에 대한 인정이자를 법인에 납입하지 않으면 법인은 그 이자 금액만큼을 대표이사에게 상여로 지급한 것으로 처분하게 되고, 대표이사의 소득이 증가하게 되어 종합소득세가 상승하게 된다.

다섯째, 가지급금의 원금이 증가할 수 있다.

대표가 법인에 납입하지 않은 인정이자를 상여로 처분하면 종합소득세가 증가하는 것이 싫어서 가지급금의 원금에 포함할 수도 있다. 만약 가지급금 인정이자율이 당좌대출 이자율 4.6%를 적용하고 있는 경우에 대표는 4.6% 복리 이자율로 대출받은 것이어서 미래에 상환해야 할 가지급금의 원금이 크게 상승하게 된다. 만약 가지급금이 있는 대표가 인정이자를 법인에 납입하지 않았다면 그에 대한 처리를 어떻게 하는지 대표가 관심을 가져야 한다.

여섯째, 상환하지 않고 법인을 청산하게 되면 가지급금만큼을 대표이사는 상여금을 받은 것으로 처리를 하게 되어 많은 종합소득세를 납부해야 한다.

일곱째, 자녀가 가업 승계를 한 경우에는 자녀에게 빚도 물려주는 상황이 되고, 가지급금은 가업용 자산에 해당하지 않기 때문에 가업 승계 시 많은 증여세 또는 상속세가 발생할 수 있다. 이 부분에 대해선 [출구전략 중 가업 승계] 부분에서 자세히 보도록 하겠다.

가지급금이 있을 경우 법인의 불이익

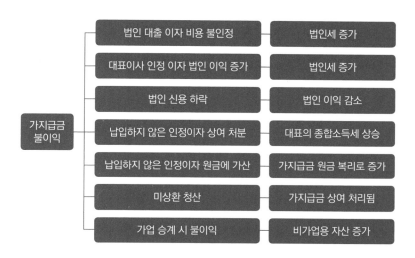

03

가지급금 금액에 따라
상환 방법을 달리해야 한다

CASE

가지급금의 불이익에 대해 알게 된 홍길동은 가지급금을 정리하기로 마음먹었다. 사업을 시작한 지 10년 동안 발생한 가지급금 금액이 10억 원인데, 어떻게 정리해야 할지 막막하기만 하다.

가지급금은 어떻게 정리해야 할까?

그 해답은 간단하다. 가지급금의 회계 처리는 이유를 불문하고 대표이사가 법인에 상환해야 할 부채이기 때문에 대표의 개인 자산으로 상환해야 한다. 그런데 대표 입장에서는 자기가 실제 법인에서 빌려 간 돈이라면 불만 없이 상환할 것이다. 하지만 직원의 신용 문제, 거래처와의 관계 등에서 어쩔 수 없이 발생한 경우 개인 자산으로 상환하려면 억울한 면도 있다.

그러다 보니 대표 입장에서는 가지급금 상환에 대한 심리적 억울함도 작고, 자산의 감소도 최소화할 수 있는 방법을 찾으려고 한다. 그러다 보니 편법적인 방법을 소개하며 개인적인 이익을 취하

144

는 일부 경영컨설턴트들이 나타나고 있다.

하지만 이런 사람들과의 거래를 통해 가지급금을 편법적인 방법으로 정리했을 때 세무조사를 받는 등 불이익이 발생하는 경우가 많이 있다. 따라서 합법적·합리적인 방법으로 가지급금을 정리하는 것이 핵심이라고 할 수 있다.

과거 한 대표를 상담할 때 가지급금을 상환하기 위해 배당금 1억 원을 받았다고 했는데, 가지급금 감소 금액은 7,100만 원이었다. 차액인 2,900만 원은 세금에 해당하는 부분이다.

따라서 가지급금 상환하는 방법을 선택할 때 기준이 필요한데, 가지급금 3억 원을 기준으로 상환 방법을 달리하는 것이 합리적이다. 그 이유는 첫째, 가지급금 금액이 3억 원 이하라면 적은 금액이

가지급금 규모에 따른 정리 방법

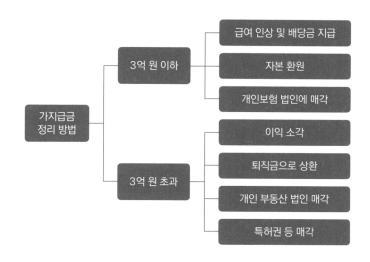

고, 3억 원을 초과한다면 큰 금액이기 때문에 상환하는 방법도 당연히 달라야 한다. 둘째, 가지급금을 상환하기 위해선 자금 출처와 세금 문제를 고려해야 하기 때문에 상환하는 방법이 달라야 한다.

매년 소득 인상(급여 인상과 배당금)으로 가지급금 정리하기

법인을 운영한 지 5년 된 홍길동은 가지급금이 2억 원 정도라는 말과 함께 상환해야 한다는 말을 들었다. 어떻게 정리해야 할까?

　2억 원 정도의 가지급금이라면 적은 금액에 해당하기 때문에, 대표의 개인 금융자산이 있다면 그것으로 상환하는 것이 가장 합리적이다, 하지만 개인 자산이 감소한다고 생각해 거부감을 갖는 경우가 많다.

　따라서 그 외의 방법을 선택해야 하는데, 급여 인상, 배당금 지급 등 소득을 증가시킨 후 증가분으로 상환하는 방법과 거부감이 적은 자본 환원으로 상환하는 방법이 있다. 그리고 개인보험을 활용해 가지급금을 상환하는 방법이 있다. 먼저 소득 인상을 통해 가지급금을 상환하는 방법에 대해 알아보자.

첫째, 대표의 급여, 상여금을 인상하고 인상분으로 상환하는 방법이다.

대표에게 급여 인상을 권유하면 소득세와 4대 보험료 인상이 많아 부담을 갖는 경우가 있다. 이 부분을 엄밀히 검토해 보면 대표의 급여 인상 시 개인의 종합소득세와 건강보험료가 증가하게 된다. 하지만 법인은 급여 인상분만큼 비용의 증가로 법인 이익이 감소해 법인세가 줄고, 법인 부담분 건강보험료가 증가한다. 그러니 급여 인상에 따른 세금 부담을 많이 가질 필요는 없다고 할 수 있다.

둘째, 대표가 주주라면 배당금을 수령해 가지급금을 상환할 수 있다.

배당금으로 가지급금을 상환하기 위해서는 대표의 지분율이 높아야 실현 가능성 있다. 배당은 모든 주주에게 균등하게 지급해야 하는 것이 원칙인데, 만약 불균등한 배당으로 지분율이 작은 주주가 본인의 지분율보다 더 많은 배당금을 수령하면 증여세 문제가 추가로 발생한다.

배당금에 대해 주주는 14~45%의 배당소득세와 배당금이 2,000만 원을 초과하면 건강보험료를 추가로 납부해야 한다. 그러나 법인에선 배당금에 대해 비용 처리가 안 되기 때문에 법인세 부분에서 혜택이 없다. 따라서 배당금보다는 급여 인상을 하고, 그 인상분으로 가지급금을 상환하는 것이 유리하다.

소득을 인상해 가지급금을 상환하는 방법은 오랜 기간이 필요하게 되고 그로 인해 대표의 종합소득세와 이자 금액의 부담이 증가하게 된다.

다음 표를 보면 매년 3,000만 원씩 가지급금 원금을 상환할 때 8년이 되어야 가지급금 2억 원을 전액 상환할 수 있고, 이자 3,159만 원을 상환해야 한다. 만약 대표가 금융자산 등을 활용해 일시에 2억 원의 가지급금을 상환했다면 납부하지 않아도 될 이자를 납부하게 된 것이다.

그리고 3,000만 원의 가지급금을 상환하기 위해서는 소득을 약 4,000만 원 정도 인상해야 하는데, 그 이유는 소득 인상분에 대한 종합소득세(1,000만 원-세부담율 25% 가정 시)와 건강보험료를 차감해야 하기 때문이다.

이런 이유로 가지급금이 3억 원 이상의 큰 금액인 경우엔 소득을 인상해 가지급금을 상환하는 방법은 추가로 부담해야 할 종합소득세, 건강보험료 그리고 인정이자가 큰 폭으로 증가할 수 있어서 실현 가능성이 작을 수 있다.

소득 인상으로 매년 일정 금액 상환 시 총상환할 금액(예시)

[단위: 천 원]

구분	1년	2년	3년	4년	5년	6년	7년	8년	합계
기초 가지급금	200,000	177,820	154,620	130,352	104,968	78,417	50,644	21,594	
매년 초 상환	30,000	30,000	30,000	30,000	30,000	30,000	30,000	21,594	231,594
인정이자 (*)	7,820	6,800	5,733	4,616	3,449	2,227	950	0	31,594
기말 가지급금 (**)	177,820	154,620	130,352	104,968	78,417	50,644	21,594	0	

* 인정이자는 (기초 가지급금−매년 초 상환액)×4.6%
** 기말가지급금은 (기초 가지급금−매년 초 상환액+인정이자)

대표 개인의 보험을 활용해 가지급금을 정리할 수 있나요?

CASE

법인을 운영한 지 5년 된 홍길동은 가지급금이 2억 원 정도라는 말과 함께 상환해야 한다는 말을 들었다. 어떻게 정리해야 할까?

　이번에는 대표의 개인 자산 중 개인 보험을 활용하는 방법이 있다. 보험은 금융상품 중 독특한 특징이 있는데, 그것은 보험의 소유자인 계약자와 보험 사고 발생 시 보험금을 수령할 수 있는 수익자를 변경할 수 있다는 것이다. 이런 특성을 활용해 대표가 개인 자금으로 납입한 보험의 계약자를 법인으로 변경할 수 있다.

　변경 원인은 금융상품의 매매 계약에 해당하기 때문에 매매 계약서(다음 예시 참조)를 작성하고, 대표는 법인으로부터 매매대금을 수령해 가지급금을 상환하면 된다. 매매 대금의 결정은 보험 계약의 평가금액을 기준으로 하면 되는데, 상속세 및 증여세법상 보험 계약의 평가금액은 계약자 변경 시점의 '총 납입한 보험료와 예상 해약환급금 중 큰 금액'으로 한다.

즉 변경 시점의 총 납입보험료가 2억 원이지만 예상 해약환급금이 2억 2,000만 원이라면 보험계약 평가금액은 2억 2,000만 원이 되고, 반대로 예상 해약환급금이 1억 9,000만 원이라면 2억 원으로 보험 계약을 평가하는 것이다.

이후에 법인에선 그 보험을 유동자금으로 활용할 수도 있고, 또는 미래 임원의 퇴직금 지급을 위한 재원으로 활용할 수 있다.

유 가 증 권 매 매 계 약 서

양도자 _____(이하 "갑")과 양수자 _____(이하 "을")는 유가증권(장기 보험상품) 매매와 관련한 제반 사항을 다음과 같이 계약한다.

1. 매매 유가증권

"갑" 소유 아래 유가증권(장기보험상품)

- 상품명 : (가입증서번호 :).
- 매매계약일 현재 기납입 보험료 :
- 매매계약일 현재 장기보험상품 해약 가정 시 예상 해약환급금 :

2. 매매가액 결정(決定)

세법(상속세및증여세법)에 의거하여 기납입보험료와 해약환급금 중 큰 금액인 기납입보험료.

원을 유가증권의 매매가액으로 함.

202*년 *월 *일

매도자(갑) 성 명 : (인).

주민등록번호 :

주 소 :

매수자(을) 법 인 명 : (인).

사업자등록번호 :

소 재 지 :

06

자본 환원으로
가지급금을 정리할 수 있나요?

법인을 운영한 지 5년 된 홍길동은 가지급금이 2억 원 정도라는 말과 함께 상환해야 한다는 말을 들었다. 어떻게 정리해야 할까?

　다음으로 일명 모든 주주가 액면가로 균등하게 이익 소각하는 자본 환원을 활용하는 것이다. 차명주주 정리 방법에서 본 것처럼 이익 소각을 하면 주식의 [소각 가격 − 취득 가격]의 차익을 배당소득으로 간주해 배당소득세가 발생한다. 그리고 배당소득이 2,000만 원을 초과하면 종합과세 되어 14~45%의 세율로 소득세를 납부해야 하는데, 자본환원은 주주가 취득한 가격으로 법인에 매각 후 소각하는 방법이기 때문에 차익이 없어 세금이 발생하지 않는다.

　예를 들면 홍길동이 자본금 3억 원(3만 주×1만 원)인 법인의 주식을 100% 소유한 1인 주주이자 대표이사다. 그리고 가지급금 2억 원이 있으며, 현재 주당 평가금액은 10만 원이고, 홍길동은 본인이 소유한 주식을 활용해 가지급금을 상환하려고 한다(다음 표 참고).

일반적인 이익소각과 자본환원의 배당소득세와 소각 후 주식 수 비교

[단위: 원]

구분	일반 이익 소각	자본환원
주당 소각 가격	100,000	10,000
주당 취득가격	10,000	10,000
소각 주식수	2,000	20,000
총 소각가격	200,000,000	200,000,000
총 취득가격	20,000,000	200,000,000
배당소득	180,000,000	0
납부할 세액(A)	53,680,000	0
남은 주식 수	28,000	10,000

(A)의 배당소득세 납부할 세액 계산식

[단위: 원]

	구분	금액
	배당소득	180,000,000
+	GROSS-UP(*)	16,000,000
=	과세표준	196,000,000
×	세율	38%
=	산출세액(**), 누진공제 미적용	69,680,000
−	배당세액공제(***)	16,000,000
=	납부할 세액	53,680,000

* GROSS-UP은 배당소득에 대한 이중과세를 조정하기 위해 배당금 중 2,000만 원 초과분에 대한 10% 더해 산출세액 계산 후 그만큼을 배당 세액공제로 차감함

** [20,000,000×14%+(196,000,000−20,000,000)×38%]= 69,680,000
누진공제는 다른 소득에 적용

*** 합산된 배당소득 금액의 일정률에 상당하는 금액을 종합소득 산출세액에서 공제하는 것

먼저 일반적인 이익 소각을 선택할 수 있다. 이 방법은 2,000주를 현재 평가금액인 10만 원에 매각 후 소각하는 방법이다. 이렇게 일반적인 소각을 하면 주당 9만 원의 이익이 발생해 총이익금은 1억 8,000만 원이 된다. 이 이익금에 대해 세금을 납부해야 하는데, 세법에선 이 이익을 배당소득으로 간주하기 때문에 소득세율 세율 38%가 적용되어 약 5,368만 원의 배당소득세(이전 표 참조, 누진공제 미적용)와 건강보험료를 납부해야 하고, 남은 주식 수는 2만 8,000주가 된다.

다음으로 자본 환원을 선택할 수 있다. 이 방법은 2만 주를 취득가격인 액면가 1만 원에 매각 후 소각하는 것이다. 이렇게 하면 소각 이익이 없고, 따라서 세금이 없다. 그리고 홍길동은 매각 자금 2억 원으로 가지급금 2억 원을 상환할 수 있다. 그리고 남은 주식 수는 1만 주가 된다.

홍길동 입장에서는 2만 8,000주로 법인을 경영하는 것과 1만 주로 법인을 경영하는 부분에서 차이가 없기 때문에 자본 환원으로 주식 수가 대폭 감소해도 경영에는 문제없다.

하지만 자본 환원을 통해 가지급금을 정리하기 위해서는 자본금이 3억 원 이상은 되어야 하고, 정리할 수 있는 가지급금의 규모도 자본금의 70% 정도라는 점이다. 그리고 모든 주주가 균등하게 참여해야 한다는 제약이 있다.

3억 원 이하의 가지급금 정리 방법

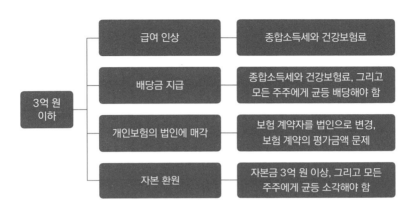

3억 원 이하	급여 인상	종합소득세와 건강보험료
	배당금 지급	종합소득세와 건강보험료, 그리고 모든 주주에게 균등 배당해야 함
	개인보험의 법인에 매각	보험 계약자를 법인으로 변경, 보험 계약의 평가금액 문제
	자본 환원	자본금 3억 원 이상, 그리고 모든 주주에게 균등 소각해야 함

07

이익 소각으로 가지급금을
정리할 수 있나요?

법인을 운영한 지 5년 된 홍길동은 가지급금 5억 원이 있다는 사실을 알고 상환하기 위한 방법을 찾고 있다. 소득을 상승시켜 상환할 수도 있으나 기간이 오래 걸리고, 그 기간 동안 납부할 이자도 부담이 되고, 소득 증가에 따른 소득세 증가가 부담스럽다. 어떻게 상환하는 것이 합리적일까?

가지급금 때문에 고민하는 대표들은 대부분 3억 원 이상의 많은 가지급금을 가지고 있는 경우가 대부분이다. 이렇게 가지급금의 규모가 큰 경우에는 앞에서 공부한 방법과는 다른 방법으로 상환하는 것이 합리적이다.

그 이유는 소득 인상 등을 통해 정리하기에는 오랜 기간이 필요하고, 그 과정에서 대표의 종합소득세도 많이 증가하기 때문이다. 이런 부담감을 최소화하면서 가지급금을 정리할 수 있는 방법은 개인의 자산을 활용하는 방법이다.

첫째 자산은 대표와 배우자가 소유하고 있는 법인 주식을 활용

그림 1. 일반적인 이익 소각으로 가지급금 정리하는 과정

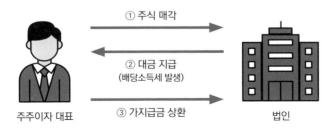

① 주식 매각

② 대금 지급
(배당소득세 발생)

③ 가지급금 상환

주주이자 대표

법인

해 이익 소각을 실행하는 것이다.

이익 소각(그림 1 참조)은 현재 주식 평가금액으로 법인에 매각 후 소각하기 때문에 많은 차익이 발생하고, 그로 인해 배당소득세와 건강보험료가 발생하게 된다. 대표의 경우엔 세금에 대한 부담이 커서 실행하기 어려울 수 있다.

세금을 간단 계산해 보면(다음 표 참조) 홍길동이 6,000주를 10만 원(취득 가격 1만 원)에 매각 후 소각하는 것이다. 이렇게 하면 홍길동은 5억 4,000만 원의 차익에 대해 배당소득세를 납부하는데, 세율은 42%가 적용되어 1억 9,104만 원의 종합소득세(누진공제는 다른 소득에 적용)와 건강보험료를 납부해야 한다. 세금이 너무 많고, 세금을 납부하고 나면 5억 원의 가지급금을 상환하기에 부족하다.

따라서 대표 입장에서는 자신의 주식을 자신이 직접 소각 후 이익 소각하는 방법은 세금 부담이 커서 실행이 어려울 수 있다.

표 1. 이익 소각 시 배당소득세 예시

[단위: 천 원]

구분		금액
	배당소득	540,000
+	GROSS-UP(*)	52,000
=	과세표준	592,000
×	세율	42%
=	산출세액(**)	243,043
−	배당세액공제(***)	52,000
=	납부할 세액	191,040

* GROSS-UP은 배당소득에 대한 이중과세를 조정하기 위해 배당금 중 2,000만 원 초과분에 대한 10% 더해 산출세액 계산 후 그만큼을 배당세액공제로 차감함
** [2,000만×14%+(5억 7,200만×42%)]=2억 4,332만 원, 누진공제 는 다른 소득에 적용함
*** 합산된 배당소득 금액의 일정률에 상당하는 금액을 종합소득 산출세액 에서 공제하는 것

08

배우자에게 주식 증여 후 이익 소각으로 가지급금을 정리할 수 있나요?

법인을 운영한 지 5년 된 홍길동은 가지급금 5억 원이 있다는 사실을 알고 상환하기 위한 방법을 찾고 있다. 소득을 상승시켜 상환할 수도 있으나 기간이 오래 걸리고, 그 기간 동안 납부할 이자도 부담이 되고, 소득 증가에 따른 소득세 증가가 부담스럽다. 어떻게 상환하는 것이 합리적일까?

앞에서 본 대표의 주식으로 이익 소각하는 방법은 종합소득세와 건강보험료가 많이 발생해 실행하기 어렵다는 것을 봤다. 그럼 다른 방법은 없을까?

가지급금을 효율적으로 상환하기 위해서는 법인에 매각 후 소각하는 가격은 현재 주식 평가금액으로 해서 최대한 많은 자금을 확보하고, 차익은 크지 않게 해서 세금을 최소화할 수 있는 방법을 찾고 있다. 그 방법이 배우자에게 10년 동안 6억 원까지는 증여세 없이 자산을 증여할 수 있는 규정을 이용하는 것이다.

이 규정을 활용해(그림 2 참고) 주주이자, 대표인 홍길동이 배우

그림 2. 배우자에게 주식 증여 후 이익 소각으로 가지급금 정리하는 과정

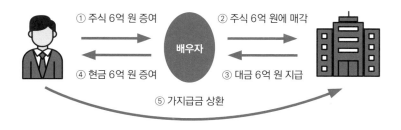

자에게 6억 원에 해당하는 만큼의 본인 주식을 증여하고(증여세 없음), 배우자는 그 증여받은 주식을 법인에 6억 원에 매각하고 현금 6억 원을 받는다(배당소득세 없음). 그리고 배우자는 그 6억 원을 다시 홍길동에게 현금 증여를 하고(증여세 없음), 홍길동은 증여받은 현금 6억 원으로 가지급금 6억 원을 상환하는 방법이다.

이 과정을 거치는 동안 발생하는 세금은 없는데, 그 이유는 홍길동의 배우자가 법인에 매각한 주식의 가격 6억 원이 증여받은 금액 6억 원과 같아 차익이 발생하지 않았기 때문이다. 홍길동은 가지급금 6억 원을 오롯이 상환할 수 있다. 당연히 건강보험료도 발생하지 않는다(소득이 없기 때문에).

하지만 이 방법은 실질과세 원칙에 위배될 소지가 상당히 크다. 배우자에게 지분을 증여한 것이 실질적으로 증여할 의사가 없이 세금만 줄이기 위한 단순 과정으로 과세 관청이 판단할 수 있다.
과세 관청에서 실질과세 원칙에 위배된다고 판단하면 앞에서 본 것처럼 처음부터 홍길동이 법인에 매각 후 소각한 것으로 보고, 5억 4,000만 원의 이익을 홍길동의 배당소득으로 간주해 약 1억 9,104만 원의 배당소득세와 그 소각 시점에 세금을 납부하지 않은 것에 대한 가산세와 건강보험료를 납부해야 한다.

과거 일부 컨설팅 업체가 이 방법을 제안하고, 이 방법을 실행해 가지급금을 상환했던 몇몇 법인이 세무조사를 받고 많은 세금을 추징당하자 과세 관청과 소송이 진행되고 있다. 따라서 이 방법은 권유하지 않는다.

09

배우자 주식을 증여받아 이익 소각으로 가지급금을 정리할 수 있나요?

다음은 이익 소각 방법 중 배우자가 소유하고 있는 주식을 활용해 가지급금 상환하는 방법이다.

예를 들어 자본금 3억 원(3만 주×1만 원)인 법인의 주식을 홍길동이 50%, 배우자가 50% 소유하고 있고 현재 주당 평가금액은 10만원이다. 이익 소각으로 가지급금 6억 원을 정리할 때, 홍길동은 배우자가 소유한 주식 중 6,000주를 주당 10만 원 평가금액으로 증여(증여세 없음)를 받는다.

그리고 홍길동은 증여받은 그 주식을 법인에 주당 10만 원에 매각 후 소각(배당소득세 없음)하고, 매각 대금 6억 원으로 가지급금 6억원을 상환한다. 이 과정에서도 세금 문제가 발생하지 않는데, 그 이유는 홍길동이 증여받아 법인에 매각 후 소각하는 과정에서 차익이 발생하지 않았기 때문이다(그림 3 참조).

그런데 이 방법을 실행하기 위해서는 두 가지 요건을 모두 충족

그림 3. 배우자 주식 증여받아 이익 소각으로 가지급금 정리하는 과정

해야 한다.

첫째, 주권을 발행해야 한다.

주권 발행은 주권을 실물로 발행하는 것으로, 주권을 발행하면서 주권에 일련번호를 부여하는데, 이렇게 하면 일련번호별 소유자를 구분할 수 있다. 일련번호별 소유자를 구분하면 홍길동과 배우자가 처음부터 소유하고 있던 주식을 구분할 수 있고, 배우자에게 증여받은 주식과 홍길동이 처음부터 소유하고 있는 주식을 구분할 수 있다.

소유자별 주권을 구분하는 이유는 홍길동이 법인에 주식을 10만 원에 매각 시 차익이 없어야 세금이 발생하지 않는데, 이를 위해서는 배우자에게 주당 10만 원에 증여받은 주식만 매각 후 소각해야 한다. 그러기 위해서는 처음부터 홍길동이 소유하고 있던 주식과 배우자에게 증여 받은 주식을 구분할 수 있어야 한다.

둘째, 배우자에게 증여받고 1년이 경과한 후 기업 가치평가를 거쳐 법인에 매각 후 소각해야 한다.

만약 홍길동이 배우자에게 증여받은 후 1년 이내에 매각 후 소각하면, 양도소득세 이월과세에 해당한다.

양도소득세 이월과세에 해당하면 홍길동이 배우자에게 10만 원에 증여받고 매각했더라도 매각 차익을 계산할 경우에는 배우자가 처음에 취득한 1만 원을 홍길동의 취득가격으로 하기 때문에 매각 차익이 주당 9만 원이 발생하고, 앞에서 계산한 것과 같은 배당소득세를 납부해야 한다.

따라서 배우자 주식을 증여받아 이익 소각을 통해 가지급금을 상환하는 방법도 최소 1년 이상의 시간을 갖고 합법적인 계획 수립 후 실행하는 것이 합리적이다. 너무 급하게 이익 소각을 할 경우에는 실질과세 원칙 위배, 또는 비상장 주식 양도세 이월과세 문제 등이 발생해 많은 세금을 추징당할 가능성이 매우 크기 때문이다.

배우자 주식 증여받아 이익소각으로 가지급금 정리하는 프로세스

10

대표의 퇴직금으로
가지급금을 정리할 수 있나요?

 CASE

사업을 20년 이상 하면서 가지급금 8억 원이 발생해 고민이 많은 홍길동 대표는 대표 퇴직금을 활용해 가지급금을 상환하는 방법이 있다는 것을 알게 되었다. 무엇보다도 세금이 적다는 부분이 매력적으로 보이는데, 퇴직금을 받고도 회사를 경영할 수 있는지 궁금하다.

3억 원 이상의 가지급금을 정리할 수 있는 방법으로 대표이사의 퇴직금을 활용하는 방법이 있다. 현재는 퇴직금 중간 정산이 허용되지 않기 때문에 대표이사가 퇴직금을 수령하기 위해서는 실질적으로 퇴직해야 한다. 그럼 회사 경영은 누가 하는가? 이를 위해서는 다음의 조건을 충족해야 한다.

첫째, 수령할 수 있는 퇴직금이 많아야 하는데, 임원의 퇴직금은 [퇴직 직전 1년 연봉×재직 연수×배수]를 기준으로 수령할 수 있다. 여기서 변수는 연봉, 재직 연수, 배수 3가지인데, 임의로 조정이 가능한 변수는 연봉이다. 따라서 퇴직금으로 가지급금을 상환하기 위해서는 미리 급여를 인상할 필요가 있다.

둘째, 홍길동 대표를 대신해 회사를 경영할 자녀 또는 배우자 등 후계자가 있어야 한다. 그래야 회사를 믿고 맡길 수 있으며, 퇴직한 대표는 무보수로 신임 대표에 대해 자문할 수 있다.

퇴직금으로 가지급금을 정리할 때 좋은 점은 세금이 적은 것인데, 그 이유는 퇴직금의 성격을 이해하면 쉽게 알 수 있다. 퇴직금은 기준에 따라 재직 기간 동안 매년 발생한 소득을 적립해 두었다가 퇴직 시 수령하기 때문에 퇴직 시점의 소득이라고 할 수 없다. 이런 성격 때문에 퇴직소득세를 계산할 경우에는 다른 소득과 합산하지 않고 퇴직소득만으로 신고, 납부한다.

이런 과세 방법을 분류과세라고 하는데, 분류과세 소득은 다른 소득과 합산하지 않고 세금을 계산하기 때문에 종합과세소득보다 세금이 적다. 그리고 종합과세 소득이 아니기 때문에 건강보험료 등이 추가로 발생하지 않는다.

퇴직금에 대한 세금을 계산할 때 퇴직소득세가 적용되는 한도는 퇴직금의 한도와는 차이가 있다. 퇴직금의 세금이 다른 소득보다 적다 보니 세법에서는 퇴직금 중 퇴직소득으로 인정하여 적은 세금을 납부할 수 있는 한도가 있다. 한도는 퇴직금을 계산할 때 직전 1년 연봉이 아니라 직전 3년 평균 연봉을 기준으로 한다. 따라서 퇴직금도 많이 받고, 퇴직소득세를 적게 납부하기 위해서는 퇴직 직전 3년 전부터 급여를 인상해야 한다.

예를 들어 퇴직소득세와 종합소득세의 세금 차이를 비교해 보자.

연봉 2억 5,000만 원(직전 3년 평균), 20년 재직한 대표가 상여금 10억 원을 수령했을 때 세금과 퇴직금으로 10억 원(퇴직 소득 한도 이내)을 수령했을 때 세금을 단순 계산해 비교하면 그 차이를 확실히 알 수 있다.

상여금으로 10억 원을 수령하면 [10억 원×45%-6,594만 원(누진공제)=4억 2,245만 원]의 종합소득세와 건강보험료가 추가로 발생한다. 하지만 퇴직금으로 10억 원을 수령하면 1억 7,523만 원의 퇴직소득세(*)가 발생해 세금 차이가 2억 4,722만 원이다. 그리고 퇴직소득은 분류과세 소득이기 때문에 건강보험료가 추가로 발생하지 않는다.

임원 퇴직금에 대해선 '법인 퇴직금 준비' 편에서 자세히 알아보겠다.

퇴직소득세 산출 계산식

[단위: 천 원]

	구분	금액	비고
	퇴직금	1,000,000	
−	근속연수공제	40,000	
=	(연분)과세표준	960,000	
−	환산급여	576,000	960,000×12/20년
−	차등공제	248,000	
=	연환산과세표준	327,700	
×	적용세율	40%	
=	연분적용 세액	105,140	
=	(연승)납부세액	175,233	105,140×20년/12

167

법인 임대보증금으로
가지급금을 상환할 수 있나요?

전기와 소방 공사업을 법인으로 사업을 하는 홍길동은 개인 명의 부동산을 법인에 임대를 주고 보증금 1,000만 원, 월 200만 원의 임대료를 받고 있다. 그리고 3억 원의 가지급금을 상환하고 싶은데, 당장은 목돈이 없어 이를 상환하기 어렵다. 이때 주변에서 법인에 임대하고 있는 부동산을 월세가 아닌 전세로 전환하고 전세보증금으로 가지급금을 상환하는 방법이 있다는 말을 들었다.

이 방법은 적합한 방법인가?

이 방법은 가능하다. 하지만 전세보증금의 규모가 적절한지가 가장 중요하다. 즉 주변 시세보다 지나치게 높다면 과세 관청으로부터 의심을 받을 수도 있다. 주변 시세를 알 수 없다면 시장 이자율 정도의 전세 전환율을 적용해 전세보증금을 결정하는 방법도 있다. 즉 [연간임대료÷이자율=전세보증금]이다(다음 표 참조).

또는 적정 전세보증금에 대한 감정평가를 받는 것도 좋은 방법

월세를 전세로 전환 시

[단위: 천 원]

월 임대표	전환이자율	전세보증금
2,000		600,000
3,000	4%	900,000
4,000		1,200,000

이다.

대표 입장에서는 가지급금이라는 부채가 사라지고, 대신 임대보증금이라는 부채가 생겼기 때문에 대표의 부채 총액에는 변화가

임대보증금으로 가지급금 상환 시 재무상태표의 변화

[단위: 천 원]	
자산	****
유동자산	***
당좌자산	***
현금 및 현금성 자산	***
매출채권	***
단기 대여금	300,000
재고자산	***
비유동자산	***
투자자산	***
유형자산	***
기타 비유동자산	***
임대보증금	10,000

[단위: 천 원]	
자산	****
유동자산	***
당좌자산	***
현금 및 현금성 자산	***
매출채권	***
단기 대여금	0
재고자산	***
비유동자산	***
투자자산	***
유형자산	***
기타 비유동자산	***
임대보증금	300,000

없다. 즉 언젠가는 상환해야 한다.

하지만 법인과 대표 모두 유리한 부분이 있다.

첫째, 가지급금을 상환했기 때문에 대표는 이자 부담이 사라진다.

둘째, 법인은 이자 수입에 대한 법인세를 납부하지 않아도 된다.

셋째, 대표는 매월 법인으로부터 받는 임대료에 대한 소득세 대신 전세보험금에 간주임대료를 납부하면 되기 때문에 대표 개인의 세금 차이는 크게 없다.

12

개인 부동산을 법인에 매각하여 가지급금을 정리할 수 있나요?

전기와 소방 공사업을 법인으로 사업을 하는 홍길동은 개인 명의 부동산을 취득하는 과정에서 자금이 부족해 가지급금을 발생시켰다. 초기엔 매년 조금씩 상환할 계획이었지만, 그것이 마음대로 되지 않았고, 오히려 가지급금이 더 증가해 현재 9억 원 정도이다. 가지급금 상환 방법에 대해 고민하던 중 홍길동은 개인 부동산을 법인에 매각 후 상환하는 방법이 있다는 것을 알게 되었다. 부동산 중 어느 것을 법인에 매각하는 것이 좋을까?

가지급금을 상환하는 방법 중 대표 개인의 부동산을 법인에 매각 후 그 대금으로 가지급금을 상환하는 방법이 있다. 이 경우 부동산 중 어떤 종류의 부동산을 이전할 것인가를 고민할 필요가 있다. 대표의 부동산을 법인에 매각할 경우 주의할 부분이 있다.

첫째, 대표와 법인은 특수관계이기 때문에 해당 부동산에 대한 감정평가를 받아 평가금액에 대한 정당성을 확보해야 한다.

둘째, 부동산 소유자인 대표는 양도차익에 대한 양도소득세를 납부해야 하고, 법인은 취득세를 납부해야 한다. 혹시 차명주주가 있다면 차명주주를 정리 시 정리하는 방법에 따라 과점주주에게 간주취득세가 발생할 수도 있다.

먼저 법인이 임대해 사용하고 있는 건물과 토지를 생각할 수 있다. 이 방법의 이점은 법인에서 임차료를 지급하지 않아도 되기 때문에 영업이익률이 개선되어 법인의 신용도가 향상될 수 있다. 대표도 수령하지 못하는 임대료를 급여 인상을 통해 수령하는 것이 세금 부분에서 유리하다.

그리고 가업 승계를 한다면 법인에서 사용하고 있는 부동산의 경우에는 가업용 자산에 해당해 증여세 또는 상속세를 절세할 수 있다. 하지만 해당 부동산을 개인 명의로 보유하고 있다면 증여세 또는 상속세를 절세할 수 있는 방법이 많지 않다.

다음으로 상가 등 임대소득이 발생하는 대표 개인 명의 부동산을 법인에 매각해 가지급금을 상환하는 경우이다. 이 경우에는 임대소득이 가지급금 인정이자보다 크다면 법인의 이익이 증가해 법인의 신용도가 향상될 수 있다.

그리고 임대소득에 대해 법인세를 납부해야 해야 하는데, 대표 개인이 소유하고 있다면 임대소득이 종합소득에 해당해 6~45%의 소득세와 건강보험료를 납부해야 한다. 하지만 중소기업의 경우에는 9~19%의 법인세를 납부하면 되기 때문에 세금 부분에서 유리한 부분이 있다.

대표 개인 부동산 법인에 매각 후 가지급금 정리 방법

하지만 임대용 부동산은 가업 승계와 관련해서는 가업용 자산에 해당하지 않기 때문에 향후 증여세와 상속세를 절세하기는 어려울 수 있다.

13

특허권 매각으로
가지급금을 정리할 수 있나요?

엔지니어로 직장생활을 하던 홍길동은 개인사업자로 사업을 했고, 5년 전 법인으로 전환했다. 하지만 법인의 회계 등에 대해 잘 몰라 법인 자금을 개인적인 용도로 사용하는 경우가 간혹 있었다. 그러다 보니 가지급금이 5억 원 정도 쌓였고, 이것을 상환해야 한다는 말을 기장 세무사로부터 들었다. 법인에서는 개인사업일 때 홍길동이 등록한 특허를 무상으로 사용하고 있는데, 이를 활용해 가지급금을 상환할 수 있는 방법은 없을까?

　가지급금을 정리할 수 있는 방법 중 대표가 소유하고 있는 특허권 등을 법인에 매각 후 그 대금으로 가지급금을 상환하는 방법이 있다. 대표가 엔지니어인 경우 자신의 연구로 등록한 특허권을 평가하여 매각하는 것이다. 이 경우, 매각 대금은 기타 소득에 해당해 매각 대금 중 60%는 비용 처리하고, 40%에 대해서만 종합소득세를 납부하면 되기 때문에 세금이 적다. 또한 법인은 취득한 특허권을 무형자산으로 계상 후 매년 일정 금액을 상각(유형자산은 감가상각이라 함)해 비용으로 처리할 수 있어 법인세를 절세할 수 있다.

대표가 소유한 특허권을 감정평가 금액 5억 원에 법인에 매각할 경우 발생하는 세금에 대해 알아보자. 대표의 경우에는 5억 원 중 60%인 3억 원은 비용 처리하고, 2억 원에 대해서만 종합소득세를 납부하면 된다. 때문에 5억 원 전체에 대해 세금을 납부하는 것보다 세금이 적다.

만약 5억 원을 상여금으로 받았을 때 종합소득세를 간단히 계산하면 2억 1,000만 원(세율 42%, 누진공제는 다른 소득에 적용)과 건강보험료가 발생한다. 하지만 특허권 매각은 2억 원에 대해서 종합소득세를 계산할 때 7,600만 원(세율 38%, 누진공제는 다른 소득에 적용)과 건강보험료를 납부하면 된다. 약 1억 3,400만 원의 차이가 발생한다.

특허권을 매입한 법인의 경우 현금 5억 원 대신에 특허권 5억 원이 생겼지만, 특허권은 상각할 수 있는 무형자산이기 때문에 매년 일정 금액을 비용 처리할 수 있다. 만약 법인세율이 19%라면 [5억 원×19%=9,500만 원]의 법인세를 총 상각 기간 동안 절세할 수 있어 세금 부분에선 매력적인 방법이다.

그림 4. 특허권 매각으로 가지급금 정리하는 과정

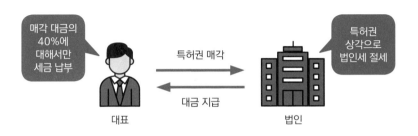

종합소득세와 법인세를 고려하면 약 2억 2,900만 원의 절세 효과가 발생한다.

하지만 특허권 매각의 절세 효과가 높기 때문에 과세 관청에서는 정상적인 특허권 매각인지를 조사하고 있다. 조사 결과, 정상적인 특허권 매각이 아니라고 판단하면 특허권 매각을 부인하고, 대표에게는 종합소득세 추징과 법인에게는 비용 처리받은 부분을 인정하지 않고 법인세를 추징한다.

그럼 과세 관청에서 정상적인 특허권 매각으로 보지 않는 경우는 어떤 경우인가?

대표가 실제 개인 연구시설, 장비 등을 이용해 연구하고 등록한 특허권인지 여부를 파악한다. 만약 회사 시설과 장비 등을 이용해 연구했다면 정상적으로 보지 않을 가능성이 크다. 특히 기업부설연구소가 있다면 대표의 특허권을 정상적으로 인정받기 어렵다. 기업부설연구소는 연구인력 세액 공제 혜택 등을 주면서 연구개발 활동을 장려하기 위한 시설이다. 그런데 그 결과물인 특허권을 대표 명의로 등록했다는 것은 설득력이 떨어진다.

실제로 5년 전 모 컨설팅 업체와 무리한 특허권 매각을 했던 대표는 최근 국세청으로부터 이 부분에 대한 세무조사를 받고 10억 원을 추징당하는 상황이 발생한 경우도 있다. 특허권 매각으로 가지급금을 상환하려는 대표는 세무조사의 위험이 상존하고 있다는 것을 인지할 필요가 있다.

3억 원 초과의 가지급금 상환 방법

3억 원 초과의 가지급금 정리 방법

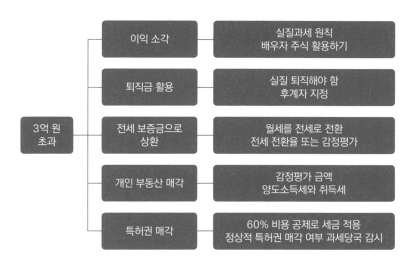

4장

이익 보상과
이익잉여금 조절

통장에 돈은 없는데
왜 이익잉여금이 많다고 하죠?

10년 동안 제조업 법인을 경영한 홍길동은 법인의 이익잉여금이 많아 기업 가치가 너무 높다는 말을 들었다. 그런데 법인 통장에는 돈이 별로 없는데 이익잉여금이 많다는 것이 이해되지 않는다.

이 부분에 대해 이해하기 위해서는 재무상태표의 구성 항목에 대해 알아야 한다. 다음 재무상태표를 보면 이익잉여금은 자본총계 12억 8,000만 원에서 자본금 1억 원을 차감한 11억 8,000만 원이다. 그런데 법인 통장에는 현금 및 현금성 계정과목으로 3억 원만 있으니 이해하기 어렵다는 것이다.

많은 중소기업의 대표는 [이익잉여금=법인 통장에 있는 예금]이라고 생각하는 경우가 많은데, 이익잉여금은 현금 및 현금성 자산으로만 구성되어 있는 것이 아니라 법인의 모든 자산에 녹아 있다.

다음 재무상태표를 보면 자산 중에 거래처로부터 받아야 할 돈인 매출채권에 17억 원, 임원이나 대주주에게 빌려준 돈인 단기 대

재무상태표 예시

20 * * . 12. 31. [단위: 천 원]

자산	8,080,000	부채	6,800,000
유동자산	4,530,000	유동부채	3,800,000
당좌자산	4,030,000	매입채무	1,000,000
현금 및 현금성자산	300,000	단기 차입금	2,000,000
매출채권	1,700,000	미지급금	500,000
단기 대여금	2,000,000	예수금	300,000
미수수익	10,000	비유동부채	3,000,000
선급금	20,000	장기 차입금	3,000,000
재고자산	500,000	자본	1,280,000
비유동자산	3,550,000	자본금	100,000
투자자산	500,000	이익잉여금	1,180,000
유형자산	3,000,000	미처분 이익잉여금	1,180,000
기타 비유동자산	50,000	당기순이익	300,000

여금에 20억 원, 기계장치나 차량 등의 유형자산에 30억 원 등으로 남아 있는 것이다.

그럼 이익잉여금은 왜 발생하는 것일까?

이익잉여금이 발생하는 것은 정상적으로 사업을 하고 이익이 발생하는 법인이라면 당연하고 자연스러운 것이다. 법인은 보통 1년 단위로 사업에 대한 결산을 하는데, 결과는 결손(적자)이 발생하든지, 아니면 이익(흑자)이 발생하든지 둘 중 하나이다.

결손이 발생하면 이익잉여금이 발생할 수 없고, 그동안 발생한 이익잉여금도 감소하게 된다. 반대로 이익이 발생하면 전년도까지 발생한 이익잉여금에 당기의 이익이 더해져 이익잉여금이 더 증가하게 된다.

법인 설립 이후 사업이 지속되는 과정에서 이익잉여금이 증가하는 모습을 상상해 보자.

법인 설립 초기에 많은 대표가 자신은 급여를 받지 않거나, 최소한으로 받으면서도 직원들의 급여는 밀리지 않기 위해 열심히 일하며, 회사를 키우기 위해 직원들과 혼연일체가 되어 최선을 다 하는 등 많은 노력을 한다. 그리고 법인을 최대한 빨리 안정화하기 위해 법인에서 번 돈을 기계장치 구입, 공장 건물 구입 등 시설투자에 계속 재투자한다.

이렇게 계속 시설투자를 하는 것은 법인의 돈이 법인 밖으로 나가는 것이 아니라, 법인 내에 계속 쌓이는 효과가 발생하게 된다. 법인의 기계장치, 공장 건물 등이 생겼다는 것은 법인의 현금자산이 유형자산으로 모습만 변한 것이기 때문에 자산과 잉여금이 감소한 것이 아니다. 그런데 많은 대표가 이 부분에 대해 이해도가 낮은 경우가 있다.

특히 재무상태표를 보면 단기 대여금 20억 원이 있는데, 이 부분이 앞에서 공부했던 가지급금이다. 법인 대표는 사업을 하면서 어쩔 수 없이 회사를 위해서, 또는 직원들을 위해서 비용 처리를 하지 못하는 자금을 집행하는 경우가 있다.

그런데 이런 부분에 대해 법인에서 회계 처리할 때는 법인에서 번 돈을 대표가 빌려 간 것으로 처리하고, 법인 입장에서는 받을 돈이어서 자산으로 처리하기 때문에 이것도 이익잉여금을 구성하는 요소가 된다. 이런 상황을 극적으로 표현하면 대표가 회사가 번 돈을 세금도 내지 않고 개인적으로 사용한 부도덕한 대표로 낙인이 찍힐 수도 있으니, 대표 입장에서는 억울할 수밖에 없는 일이다.

그러니 중소기업의 대표도 재무제표에 많은 관심을 가져야 한다.

그 관심의 첫걸음은 이익잉여금에 대한 이해라고 할 수 있다. 이익잉여금이 증가한다는 것은 법인 이익을 적절한 방법으로 개인화(다음 표 참조)하지 않고 법인에 쌓아 놓아서 발생하는 것이기 때문에 앞으로는 이 부분에 대해 자세히 설명하려고 한다.

법인 이익의 개인화 방법과 발생하는 세금 정리

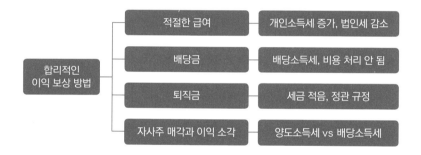

미처분 이익잉여금이 많으면
어떤 불이익이 있나요?

오랫동안 사업을 건실하게 운영해 온 홍길동 대표에게 고향 친구인 보험 설계사가 찾아와서 이익잉여금이 많으면 '세금 폭탄을 맞는다' 등 안 좋은 점이 많다고 말했다. 그런데 이익잉여금이 많으면 정말로 안 좋은 일이 많을까?

이익잉여금이 많으면 좋은 경우가 있다.

첫째, 이익잉여금이 많다는 것은 법인 자산이 많다는 것을 말하기 때문에 거래 상대방 또는 금융기관 입장에서는 신용도가 올라갈 수 있다. 따라서 법인에서 신사업을 하고자 할 때 은행으로부터 대출을 받아야 하는 상황이라면 높은 신용등급으로 많은 대출이 가능하고, 대출이자에서도 유리한 점이 있을 수 있다.

둘째, 이익잉여금이 많으면 일반적으로 법인 가치가 높아지고, 법인을 제삼자에게 매각 또는 M&A하는 경우에 정당한 평가와 보상을 받을 수 있다는 긍정적 면이 있다.

반대로, 이익잉여금이 많으면 불리할 수 있는 경우도 있다.

첫째, 이익잉여금이 많다는 것은 법인의 자산이 많다는 의미이기 때문에 법인 가치가 상승하게 된다. 법인을 승계하기 위해 자녀들에게 지분을 증여하거나, 자녀들의 배당소득을 만들어 주기 위해 지분을 증여할 때는 비싼 주식을 주는 것이어서 증여세가 많이 발생한다. 대주주의 사망으로 상속이 발생하게 되면 많은 상속세가 발생한다.

둘째, 이익잉여금이 증가하면 자산은 저절로 증가하는데, 이로 인해 외감 법인에 해당할 수 있다. 외감 법인에 해당하면 기장 세무사가 3월 말 결산한 것에 대해 공인회계사가 다시 한번 회계감사를 하고 공시함으로써 기업에 대한 신뢰성을 높일 수 있는 장점이 있다.

하지만 중소기업 대표는 장점보다는 단점을 더 많이 생각하는데, 관행적인 실수나 회계 처리가 불가능하고, 감사인 선임과 회계감사에 많은 비용이 발생한다. 또한 준비하는 과정에서 내부통제 시스템 구축을 위한 시간, 인력, 비용이 들어갈 수밖에 없다. 그리고 외부감사 결과 부정적의견을 받는다면 추후 대출 심사 등에서 불이익을 받을 수 있는 단점도 있다(다음 외감법인 기준 참조).

외감 법인의 기준(주식회사 등의 외부감사에 관한 법률 제5조)
1. 직전 사업연도의 자산총액 500억 원 이상인 회사 또는
2. 직전 사업연도의 매출액이 500억 원 이상인 회사

또는 다음 중 2개 이상에 해당하는 회사
1. 직전 사업연도 말의 자산총액이 120억 원 이상인 회사

2. 직전 사업연도 말의 부채총액이 70억 원 이상인 회사

3. 직전 사업연도 매출액이 100억 원 이상인 회사

4. 직전 사업연도 말의 종업원이 100명 이상

셋째, 법인을 청산할 경우에도 배당소득세가 많이 발생해 불리할 수 있다. 간단히 설명하면 앞의 재무상태표 중 자본총계인 12억 8,000만 원 중 자본금 1억 원은 주주들이 지분율대로 찾아간다. 그리고 이익잉여금인 11억 8,000만 원은 주주들이 지분율에 따라 배당금으로 수령하고 배당소득세를 납부해야 하는데, 배당금의 규모가 크면 높은 소득세율이 적용되어 많은 세금을 납부하게 된다.

예를 들어 주주가 4명이고 지분율이 25%씩이라고 하면 주주 1인당 청산 시 배당소득이 2억 9,500만 원이다. 그리고 1인당 납부할

청산 시 배당소득세 계산 예시

[단위: 천 원]

	1인당 배당소득금액	295,000
+	GROSS-UP(*)	27,500
=	과세표준	322,500
×	세율	40%
=	산출세액(**)	103,060
−	배당세액공제(***)	27,500
=	납부할 세액	75,560
	4명 합산 배당소득세	302,240

* GROSS-UP은 배당소득에 대한 이중과세를 조정하기 위해 배당금 중 2,000만 원 초과분에 대한 10%를 더해 산출세액 계산 후 그만큼을 배당세액 공제로 차감함
** [2,000만 원×14%+(3억 250만 원×40%)]−2,594만 원(누진공제)=1억 306만 원
*** 합산된 배당소득 금액의 일정률에 상당하는 금액을 종합소득 산출세액에서 공제하는 것

배당소득세가 최소 7,556만 원(세율 40% 적용)이고, 4명이 총 3억 224만 원을 납부해야 한다(다음 청산 시 배당소득세 계산 예시 참조)

이렇게 청산 시 많은 배당소득세 때문에 원하는 시기에 한 번에 청산하지 않고 수년간 매출 등은 발생시키지 않고, 대표와 가족 임원만 법인에서 급여 등으로 이익잉여금을 감소시키고, 마지막에 청산 절차를 거치는 휴면 법인 상태를 유지하는 경우도 있다.

사업을 계속하면 적자가 발생하는 경우를 제외하고는 이익잉여금은 계속 증가하게 된다. 뒤에서도 공부하겠지만, 법인의 대주주이자 대표는 언젠가는 법인의 출구 전략인 승계, 매각, 청산 중 어느 하나를 선택해야 하는데, 그에 맞춰 이익잉여금 조절 전략을 수립할 필요가 있다.

이익잉여금의 영향

합리적인 비용(급여 인상, 경영인 정기보험 가입)을 늘려 이익잉여금 증가 속도를 늦추자

법인에 쌓여 있는 많은 이익잉여금으로 고민이 많은 홍길동 대표는 이익잉여금을 줄이고 싶다. 어떻게 하면 가능할까?

이 경우, 이익잉여금의 증가 속도를 늦추는 것과 쌓여 있는 이익잉여금을 줄이는 두 가지 방법을 고려해야 한다. 먼저 이익잉여금 증가 속도를 늦추기 위해서는 합리적인 비용을 늘려 당기순이익의 규모를 줄일 필요가 있는데 세부적인 방법은 다음과 같다.

첫째, 임원의 급여 인상

임원의 급여를 인상하면 개인의 종합소득세는 증가하지만, 법인은 비용의 증가로 인해 이익이 감소하게 되고, 결국 법인세가 감소한다. 그리고 임원의 급여 인상도 대표만 할 것이 아니라, 함께 일하고 있는 가족이 있다면 정당한 평가를 통해 급여 인상을 할 필요가 있다.

임원 1인만 급여를 인상하는 것보다 그 인상분을 여러 명의 임원으로 분산하면 개인의 종합소득세 부분에서 유리하기 때문이다. 자녀가 있다면 임원 등재 등 명분을 확보한 후 충분히 급여를 인상하면 향후 자녀가 부동산 등 취득 시 자금 출처로 활용할 수 있는 소득 금액이 증가하는 추가적인 효과까지 기대할 수 있다.

둘째, 경영인 정기보험에 가입

비용을 늘리기 위해 임원의 급여를 인상하는 방법이 가장 좋으나, 무한대로 인상할 수는 없다. 이때 추가로 비용을 늘리고 싶다면 경영인 정기보험을 가입하는 것이다. 경영인 정기보험은 비용 처리가 가능하기 때문에 납입한 보험료만큼 매년 이익을 줄일 수 있다.

다른 비용은 사라지지만 경영인 정기보험에 납입한 보험료는 비용 처리되어 자산에서는 사라졌지만, 중도에 해약하면 환급금을 수령해 법인에서 유동자금으로 활용할 수 있는 유동성도 가지고 있다. 즉 법인의 이익이 높을 때에는 비용 처리로 법인세를 줄이고, 법인의 자금이 필요할 때는 해약환급금을 활용해 유동자금으로 활용할 수 있다.

이익잉여금 관리 전략

매년 이익 배당을 해서
이익잉여금 증가 속도를 늦추자

비용을 늘린다고 하더라도 당기순이익이 발생한다면 이익잉여금이 증가하기 때문에 이익잉여금의 증가 속도를 늦추기 위해서는 당기순이익의 일부를 주주에게 배당해야 한다.

법인에선 매년 발생한 당기순이익 중 일부를 배당해야 하는 것이 원칙이다. 하지만 여러 이유로 배당하지 않고 법인에 쌓아 놓은 것이 이익잉여금이기 때문에 이익잉여금과 당기순이익은 성격이 같다. 그래서 법인을 청산할 때 이익잉여금을 주주가 배당소득으로 받는 것이다.

배당을 받으면 주주는 배당소득세를 납부해야 하는데, 이를 절세할 수 있는 방법을 선택하는 것이 중요하다. 그 이유는 배당소득세는 배당소득 2,000만 원까지는 14%의 세율이 적용되고 2,000만 원 초과분에 대해서는 다른 소득과 합산(금융소득 종합과세)해 최고 45%의 세율이 적용되어 많은 세금이 발생한다.

2억 원 배당소득세 계산

[단위: 천 원]

	배당소득 금액	200,000
+	GROSS-UP(*)	18,000
=	과세표준	218,000
×	세율	38%
=	산출세액(**)	58,100
−	배당세액공제(***)	18,000
=	납부할 세액	40,100

* GROSS-UP은 배당소득에 대한 이중과세를 조정하기 위해 배당금 중 2,000만 원 초과분에 대한 10%를 더해 산출세액 계산 후 그만큼을 배당세액 공제로 차감함
** [2,000만 원×14%+(1억 9,800만 원×38%)]-1,994만 원(누진공제)=5,810만 원
*** 합산된 배당소득 금액의 일정률에 상당하는 금액을 종합소득 산출세액에서 공제하는 것

그럼 어떻게 해야 배당소득세를 절세할 수 있을까?

첫째, 시간을 분산해야 한다.

매년 2,000만 원의 배당소득을 10년 동안 받으면 [2,000만 원×14%×10년=2,800만 원]의 세금을 납부한다. 그런데 2억 원을 일시에 배당을 받으면 4,010만 원의 세금을 납부해야 한다(표 참조).

둘째, 주주가 많은 것이 좋다.

이 세금 사례를 준용하면 2,000만 원씩 10명이 배당받으면 총 2,800만 원의 배당소득세를 납부하지만, 1명이 2억 원을 배당받으면 4,010만 원의 배당소득세를 납부해야 하기 때문이다.

이 부분에서 주의할 부분은 주주를 늘리기 위해서는 배우자, 자녀 등에게 지분을 증여해야 한다. 그리고 그 과정에서 증여세가 발생하는데, 증여세의 부담을 줄이기 위해서는 기업 가치가 낮을 때 증여하는 것이 합리적이다.

이익 소각으로 이익잉여금을 세금 없이 줄일 수 있나요?

CASE

법인에 이익잉여금이 많이 쌓여 있는 대표는 이익 소각을 진행하기로 결심했다. 그런데 정말 다른 방법보다 이익 소각을 하면 정말로 세금이 적을까(액면가 1만 원, 발행주식 수 1만 주, 주주는 남편:아내=8:2, 대표의 연봉은 1억 원 가정)?

쌓여 있는 이익잉여금을 줄이기 위한 방법을 실행해야 하는데, 이를 위해서는 법인 내에 있는 이익잉여금을 회사 밖으로 내보내야 한다(사외 유출).

앞에서 가지급금 해결, 차명주식 정리 등에서 이익 소각을 언급했는데, 이익잉여금을 줄이는 부분에서도 활용할 수 있다. 주식을 소각하면 주주가 해당 주식을 취득한 가격과 법인에 매각 후 소각한 가격의 차이를 의제 배당으로 보아 배당소득세를 납부해야 하는데, 많은 세금이 발생할 수 있다.

이때 발생하는 세금을 최소화하기 위해서는 소각하는 주식의 취득 가격과 소각 가격의 차이를 최소화해야 한다. 그 방법으로 부부간에는 10년간 6억 원까지는 세금 없이 증여할 수 있는 규정을 이용하는 것이다. 즉 배우자에게 6억 원의 주식을 증여하고, 증여받은 배우자가 1년 이후 증여받은 주식을 소각하는 것이다.

이렇게 하면 증여한 부분에 대한 증여세는 없고, 주식 소각 시 납부하는 배당소득세도 1년 동안 주식 가치 상승분에 대해서만 배당소득세를 납부하면 되기 때문에, 주식을 증여한 대표가 처음부터 소유하고 있던 주식을 소각했을 때보다는 차익이 적어 세금이 적게 발생할 것이다.

만약 주식을 증여받은 배우자도 이미 주주라면, 배우자 입장에서는 증여받은 주식(현재 주당 10만 원)과 처음부터 소유하고 있던 주식(설립 시 액면가 주당 1만 원)을 구분해야 한다. 그 이유는 증여받은 주식(주당 10만 원)만을 소각(현재 주당 10만 원)해야 차익이 작아 배당소득세가 적게 발생하기 때문이다.

주주별 주식의 취득 시기와 취득 가격을 구분하기 위해 필요한 과정을 주권 발행이라고 하며, 이익 소각을 위해서는 주권 발행이 선행되어야 한다.

남편인 대표가 배우자에게 6,000주를 주당 10만 원에 증여한 경우를 가정해 보자.

만약 주권 발행을 하지 않았다면 배우자의 1주당 평균 취득 가격을 계산해 보면 [{(*1만 원×2,000주)+(**10만 원×6,000주)}÷8,000주=7만 7,500원]이다. 그리고 이를 주당 10만 원에 6,000주

---

*   배우자가 기존에 보유하고 있던 주식
**   배우자가 대표에게 증여받은 주식

를 소각하면 1억 3,500만 원의 차익이 발생한다. 이에 대한 배당소득세는 2,000만 원에 대해서는 세율 14%, 초과 부분에 대해서는 다른 소득과 합산해 종합과세를 하면 총 납부할 세금이 대략 3,557만 원이다(세율 35% 적용, 누진공제는 다른 소득에서 적용, 다음 표 참조).

배우자 주식 증여 후 이익 소각 시 주권 발행 여부에 따른 배당소득세 비교

주권 발행하지 않아 취득 가격을 평균법 적용 시			주권 발행 후 취득 가격을 개별법 적용 시		
		[단위: 천 원]			[단위: 천 원]
	소각 가격	600,000		소각 가격	600,000
−	취득가격	465,000	−	취득가격	600,000
=	배당소득 금액	135,000	=	배당소득 금액	0
+	GROSS-UP(*)	11,500	+	GROSS-UP	0
=	과세표준	146,500	=	과세표준	0
×	세율	35%	×	세율	0
=	산출세액(**)	47,075	=	산출세액	0
−	배당세액 공제(***)	11,500	−	배당세액 공제	0
=	납부할 세액	35,575	=	납부할 세액	0

* GROSS-UP은 배당소득에 대한 이중과세를 조정하기 위해 배당금 중 2,000만 원 초과분에 대한 10%를 더해 산출세액 계산 후 그만큼을 배당세액 공제로 차감함
** [2,000만 원×14%+(1억 2,650만 원×35%)]=4,707만 원(누진공제는 다른 소득에 적용)
*** 합산된 배당소득 금액의 일정률에 상당하는 금액을 종합소득 산출세액에서 공제하는 것

그런데 주권 발행을 했다면 배우자가 소유하고 있는 8,000주 중 처음부터 소유하고 있던 [1만 원×2,000주]와 증여받은 주식(10만 원×6,000주)을 구분할 수 있게 된다. 그리고 소각 시에는 주당 10만 원으로 증여받은 주식만으로 진행하면 차익이 '0'이어서 배당소득

세가 발생하지 않는다. 물론 실제로 증여받은 주식을 소각할 경우에는 증여 후 1년이 경과한 후 진행해야 하고, 그 기간에 주당 가치가 상승하게 되면 상승분에 대해서만 배당소득세를 납부하면 된다.

따라서 법인의 이익잉여금 중 6억 원 정도를 줄이는 방법 중 배우자에게 증여 후 이익 소각을 활용한다면 세금을 최소화할 수 있다. 그리고 여기서 주의할 점은 소각 대금을 지분을 증여한 자에게 되돌려 주면 안 된다.

위에서 설명한 이익 소각 방법 외 다른 방법으로 법인의 이익잉여금 중 6억 원 줄이고 싶다면, 상여금, 배당금 등으로 법인 자금을 사외 유출해야 한다. 하지만 배당이나 상여금으로 6억 원을 받으면 42%의 소득세율이 적용되어 많은 종합소득세와 건강보험료를 납부해야 한다.

특정 법인을 활용한 차등배당으로 이익잉여금을 줄일 수 있나요?

법인을 경영하고 있는 홍길동은 특정 법인을 활용한 차등배당을 하면 추가적인 증여세를 납부하지 않는다는 말을 들었는데, 이 말이 사실인지 궁금하다.

특정 법인을 활용한 차등배당의 법적 근거는 다음과 같다(다음 표 참조).

○ **상속세 및 증여세법 제45조의5(특정 법인과의 거래를 통한 이익의 증여 의제)**

① 지배주주와 그 친족(이하 이 조에서 "지배주주 등"이라 한다)이 직접 또는 간접으로 보유하는 주식 보유비율이 100분의 30 이상인 법인(이하 이 조 및 제68조에서 "특정 법인"이라 한다)이 지배주주의 특수관계인과 다음 각 호에 따른 거래를 하는 경우에는 거래한 날을 증여일로 하여 그 특정 법인의 이익에 특정 법인의 지배주주 등이 직접 또는 간접으로 보

유하는 주식 보유비율을 곱하여 계산한 금액을 그 특정 법인의 지배주주 등이 증여받은 것으로 본다. 〈개정 2023. 12. 31.〉

1. 재산 또는 용역을 무상으로 제공받는 것
2. 재산 또는 용역을 통상적인 거래 관행에 비추어 볼 때 현저히 낮은 대가로 양도·제공받는 것
3. 재산 또는 용역을 통상적인 거래 관행에 비추어 볼 때 현저히 높은 대가로 양도·제공하는 것
4. 그 밖에 제1호부터 제3호까지의 거래와 유사한 거래로서 대통령령으로 정하는 것

② 제1항에 따른 증여세액이 지배주주 등이 직접 증여받은 경우의 증여세 상당액에서 특정 법인이 부담한 법인세 상당액을 차감한 금액을 초과하는 경우 그 초과액은 없는 것으로 본다.

③ 제1항에 따른 지배주주의 판정방법, 증여일의 판단, 특정 법인의 이익의 계산, 현저히 낮은 대가와 현저히 높은 대가의 범위, 제2항에 따른 초과액의 계산 및 그 밖에 필요한 사항은 대통령령으로 정한다. 〈전문개정 2019. 12. 31.〉

○ **상속세법증여세법시행령 제34조의5(특정법인과의 거래를 통한 이익의 증여 의제)**

⑤ 법 제45조의5제1항을 적용할 때 특정 법인의 주주 등이 증여받은 것으로 보는 경우는 같은 항에 따른 증여의제 이익이 1억 원 이상인 경우로 한정한다. 〈개정 2020. 2. 11.〉

주주 관계에 따른 차등배당 시 증여세 과세

총 배당금		100,000			[단위: 천 원]
주주	지분율	균등배당	차등배당	비 고	
父	90%	90,000	10,000	차등 배당 시 子가 더 수령한 8,000만 원에 증여세 발생	
子	10%	10,000	90,000		
합계	100%	100,000	100,000		

총 배당금		100,000			[단위: 천 원]
주주	지분율	균등배당	차등배당	비 고	
父	90%	90,000	10,000	차등 배당 시 子 법인이 더 수령한 8,000만 원에 증여세 미발생	
子법인	10%	10,000	90,000		
합계	100%	100,000	100,000		

법인 사업을 20년째 경영하고 있는 홍길동은 기업 가치가 낮을 때 자녀들에게 지분을 많이 증여하지 않은 것을 후회한다. 지금은 배당을 위해 자녀들에게 지분을 더 증여하고 싶어도 기업 가치가 높아 증여세가 너무 많이 발생해 증여하기도 어렵다. 그런데 신규 법인을 설립하고 그 법인을 활용한 차등배당을 하면 증여세를 납부하지 않는다는 말을 들었다. 특정 법인을 활용한 이익잉여금을 줄이기 위한 세부 절차는 어떻게 될까?

1단계는 특정 법인을 활용한 차등배당을 할 이유가 있는지를 먼저 파악해야 한다. 그 이유는 다음 중 어느 하나에 해당하면 가능하다.

첫째, 모체 법인의 주주별 지분율이 부모에게 집중되어 있어 균등배당 시 많은 배당소득세가 예상되는 경우에 그 세금을 절세하고 싶은 법인

둘째, 자녀들에게 합법적인 배당소득을 만들어 주고 싶으나, 모체 법인의 기업 가치가 매우 높아 자녀들에게 지분 증여를 할 경우 많은 증여세가 예상되어 모체 법인의 지분 증여를 하기 어려운 법인

셋째, 가업 승계 요건을 충족하지 못해 증여세나 상속세를 최소화하면서 승계해 주기 어려운 경우에 모체 법인의 규모를 줄이고, 신설 자녀 법인을 성장시켜 주려는 법인

2단계는 특정 법인을 활용한 차등배당을 하고자 하는 결정을 하면 이후엔 특정 법인을 설립해야 한다. 기존에 작은 규모의 관계 법인이 있다면 그 법인의 주주를 자녀들 동일 비율로 재구성하면 된다. 관계 법인이 없다면 주주는 자녀들만으로, 그리고 지분율을 동일하게 구성한 신설 법인을 설립하면 된다.

3단계는 신설법인에서 모체 법인의 지분을 일정 정도 인수한다.

4단계는 모체 법인에서 배당 시 개인 주주는 배당을 포기하고, 신설 법인만 100% 배당을 받는다.

5단계는 배당금을 수령한 신설 법인은 배당소득에 대해 익금불

산입 기준을 적용해 법인세 납부 후 신설 법인의 주주들에게 균등 배당을 한다(표 참조).

법인의 배당소득에 대한 익금불산입 비율

피출자법인에 대한 출자비율	익금불산입비율
50% 이상	100%
20% 이상 ~ 50% 미만	80%
20% 미만	30%

6단계는 신설 법인의 주주들은 배당금 수령 후 배당소득세 납부 및 저축을 해 자신들의 자산을 만들 수 있다.

상기 특정법인을 활용한 차등배당의 실익을 분석해 보면 다음과 같다(p202 특정 법인 차등배당 시 프로세스 참조).

첫째, 子 법인 주주들이 차등배당으로 얻은 이익이 1인당 9,000만 원으로 1억 원 미만이어서 증여세가 발생하지 않는다.

둘째, 전체적인 세금이 합법적으로 감소하였다. 먼저 父 법인에서 균등배당한 경우의 세금을 보면 父의 개인 배당소득세, 子 법인의 법인세, 子 법인 주주들의 배당소득세를 합산하면 1억 2,932만 원(A+B)이다. 그렇지만 父 법인에서 차등 배당한 경우의 세금을 보면 子 법인의 법인세, 子 법인 주주들의 배당소득세를 합산하면

특정 법인 차등배당 시 프로세스

1단계: 父 법인에서 배당

[단위: 천 원]

총배당금	400,000	균등배당		차등배당		비고
주주	지분율	배당금	세금	배당금	세금	배당금의 70%에 대해서만 법인세 납부
부	90%	360,000	(*)118,400	0	0	
子 법인	10%	40,000	(**)5,320	400,000	53,200	
합계	100%	400,000	(A)123,720	400,000	(C)53,200	

* 父의 소득세율 40%적용, GROSS-UP 적용, 배당세액공제 적용. 누진공제는 다른 소득에 적용
** 법인세율 19% 적용. 누진공제 미적용

2단계: 특정 법인(子법인)에서 배당

[단위: 천 원]

주주	지분율	父 법인에서 균등배당 시		父 법인에서 차등배당 시			비고
		배당금	세금	배당금	(**)세금	초과 금액	
자1	25%	10,000	1,400	100,000	15,920	90,000	주주 1인당 초과 이익이 1억 원 미만임
자2	25%	10,000	1,400	100,000	15,920	90,000	
자3	25%	10,000	1,400	100,000	15,920	90,000	
자4	25%	10,000	1,400	100,000	15,920	90,000	
합계	100%	40,000	(B)5,600	400,000	(D)63,680	360,000	

** 子의 소득세율 24% 적용, GROSS-UP 적용, 배당세액공제 적용, 누진공제는 다른 소득에 적용

균등배당 시 父의 배당소득세 계산			子 법인 차등배당 시 子의 배당소득세 계산		
	(*)배당소득 금액	360,000		(**)배당소득 금액	100,000
+	GROSS-UP	34,000	+	GROSS-UP	8,000
=	과세표준	394,000	=	과세표준	108,000
×	세율	40%	×	세율	24%
=	산출세액	152,400	=	산출세액	23,920
−	배당세액 공제	34,000	−	배당세액 공제	8,000
=	납부할 세액	118,400	=	납부할 세액	15,920

1억 1,688원(C+D)이다. 매년 1,244만 원의 세금을 절세할 수 있다 (비교 표 참조).

셋째, 子 법인의 주주인 자녀들의 합법적인 소득원의 확대인데, 父 법인에서 균등배당 후 발생하는 합법적인 세후 소득은 세후 860만 원이다. 하지만 父 법인에서 차등배당 후 발생하는 합법적인 세후 소득은 8,408만 원이다. 10년 후 자녀들의 자금 출처로 대응할 수 있는 소득의 규모가 8,600만 원과 8억 4,080만 원으로 큰 차이가 발생한다.

넷째, 모체인 父 법인의 자산 감소와 子 법인의 자산 증가를 장기간 진행할 경우 자연스럽게 가업 승계를 하는 효과를 기대할 수 있다. 현행 세법상 가업 승계를 위한 많은 세금 감면 규정이 있으나, 까다로운 요건 갖추기와 이후 사후 관리 기간 조건 등으로 인해 많은 중소기업이 선뜻 가업 승계를 선택하지 못하고 있는 현실에서는 특정 법인을 활용한 차등배당은 가업 승계의 효과를 기대할 수 있는 긍정적인 부분이 있다.

이 부분의 효과를 극대화하기 위해 신설 법인 설립 시「창업자금증여세과세특례」를 통해 자녀의 초기 법인 설립을 위한 종잣돈을 증여한다(「창업자금증여세과세특례」에 대해서는 '출구 전략 승계 부분'에서 자세히 보도록 하겠다). 이후 모체 법인의 거래처를 신설 법인으로 옮기면 되는데, 이를 '일감 몰아주기'라고 한다. 대기업군의 경우에는 '일감 몰아주기'에 대해 증여세가 발생하지만, 중소기업의 경우에는 증여세가 발생하지 않는다.

07

임원의 퇴직금을 지급하면 비용이 증가해 이익잉여금을 줄일 수 있어요

현재는 퇴직금 중간 정산이 되지 않기 때문에 임원이 퇴직금을 수령하기 위해서는 실질적으로 퇴직을 해야 한다. 앞에서 공부한 것처럼 임원의 퇴직금 준비를 퇴직연금이 아닌 일반 퇴직금 제도를 통해 준비하고 있는 법인에서 퇴직하는 임원에게 목돈의 퇴직금을 지급하면 손익계산서상의 판매비 및 관리비로 비용처리가 된다.

임원의 퇴직금을 지급하면 손익계산서에 영향을 미치는데, 먼저 판매비 및 관리비가 증가하고, ① 영업이익 감소, ② 법인세 감소, ③ 당기순이익이 감소하는 것을 확인할 수 있다. 손익계산서 마감이 끝나면 재무상태표에 영향을 미치게 되는데 퇴직금을 법인에서 보유하고 있는 금융자산으로 지급한다면, ④ 유동자산이 감소하게 되고, ⑤ 미처분이익잉여금도 감소하는 효과가 발생하게 된다(표 참조).

퇴직금 지급 시 재무제표에 미치는 영향 설명

손익계산서 요약		재무상태표 요약				
	매출	자산 ④↓	**	부채		**
−	매출 원가	유동자산	**	유동부채		**
=	매출 총이익	당좌자산	**	매입채무		**
−	판매비 및 관리비 ↑	현금 및 현금성 자산	**	단기차입금		**
=	영업 이익①↓	매출채권	**	미지급금		**
±	영업외 손익	단기대여금	**	예수금		**
=	차감 전 이익	미수수익	**	비유동부채		**
−	법인세 ②↓	선급금	**	장기 차입금		**
=	당기순이익 ③↓	재고자산	**	자본		**
		비유동자산	**	자본금		**
		투자자산	**	이익잉여금		**
		유형자산	**	미처분 이익잉여금 ⑤↓		**
		기타 비유동자산	**	당기순이익		**

그럼 퇴직금으로 이익잉여금을 줄이는 이유는 무엇일까?

첫째, 합법적으로 수억 원을 비용 처리할 수 있고, 대표가 본인의 퇴직 시기를 자유롭게 결정할 수 있다는 점이다.

둘째, 퇴직금은 목돈이기 때문에 퇴직한 임원이 그 자금을 활용해 개인 부동산 등 취득 시 합법적인 자금 출처로 활용할 수 있다.

셋째, 다른 소득으로 보상을 받는 것보다 세금이 적다. 연봉 2억 5,000만 원(직전 3년 평균), 20년 재직한 대표가 상여금 10억 원을 수령했을 때 세금과 퇴직금으로 10억 원(퇴직소득 한도 이내)을 수령했을 때 세금을 단순 계산해 비교하면 그 차이를 확실히 알 수 있다.

상여금으로 10억 원을 수령하면 [10억 원×45%-6,594만 원(누진공제)=4억 2,245만 원]의 종합소득세와 건강보험료가 추가로 발생한다. 하지만 퇴직금으로 10억 원을 수령하면 1억 7,523만 원의 퇴직소득세(*)가 발생해 세금 차이가 2억 4,722만 원이다. 그리고 퇴직소득은 분류과세 소득이기 때문에 건강보험료가 추가로 발생하지 않는다(표 참조).

임원 퇴직금에 대해선 '법인 퇴직금 준비' 편에서 자세히 알아보겠다.

퇴직 소득세 산출 계산식

[단위: 천 원]

구분		금액	비고
	퇴직금	1,000,000	
−	근속연수공제	40,000	
=	(연분)과세표준	960,000	
−	환산급여	576,000	960,000×12/20년
−	차등공제	248,000	
=	연환산과세표준	327,700	
×	적용세율	40%	
=	연분적용 세액	105,140	
=	(연승)납부세액	175,233	105,140×20년/12

08

사내근로복지기금 설립으로
이익잉여금을 줄일 수 있나요?

평소 직원 복지에 관심이 많던 홍길동 대표는 사내근로복지기금을 활용하면 이익잉여금도 줄일 수 있고, 절세 효과도 크다는 말을 듣고 관심을 갖게 되었다. 구체적으로 어느 부분이 도움이 되는지 궁금해하고 있다.

　최근 일부 컨설팅 업체가 중소기업 CEO에게 사내근로복지기금에 대해 좋은 점만 설명하며 기금 설립을 도와주고 그에 대한 대가는 받은 후 관리를 하지 않아 오히려 피해를 보는 중소기업 CEO가 발생하고 있다. 왜 이런 일이 발생하고 있을까? 세상에 장점만 있거나, 단점만 있는 제도는 없다. 두 가지가 공존하고 있으니, 중소기업 CEO들이 제도의 취지 등에 대해 정확히 파악한 후 도입하는 것이 합리적이다.

　사내근로복지기금이란 기업 내 복지제도를 위한 재단법인의 일종으로서 임금 기타 근로 조건에 부가하여 근로자의 실질소득을 증대시키고 근로 의욕과 노사 공동체 의식을 고취하기 위하여 기

사내근로복지기금의 운영 프로세스

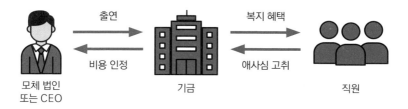

업이익의 일부를 기금으로 출연하여 근로자의 복지에 사용하게 함으로써 근로자에게 항구적·독립적인 복지 혜택을 보장하는 제도를 말한다.

'기금'의 설치는 강제되어 있지 아니하므로 모든 사업장이 기금을 반드시 설치해야 하는 것은 아니며, 설치를 원하는 사업장이 설치 대상이 된다. 법인의 대표는 사내근로복지기금을 통해서 근로자의 이익을 위한 다방면의 사업을 할 수 있다. 장학금 지원, 주택 구입 자금 지원, 주택 임차 자금 지원, 경조금 지원, 재난 구호금, 우리사주 주식 구입 자금의 지원 등이 여기에 해당한다.

하지만 다른 법령의 규정에 의하여 대표가 비용을 부담하거나 근로자를 위해 실시할 의무가 있는 급부(근로자의 건강검진, 퇴직금, 4대 보험료 납부)와 임금 대체적 또는 임금 보전적 성격이 있는 급부(각종 수당, 상여금, 생활안정 격려금, 퇴직 위로금) 등을 지급하는 사업은 할 수 없다.

사내근로복지기금을 설립하면 장점과 단점이 있다.

장점은 다음과 같다.

첫째, 기금을 운영하기 위해서는 자금이 필요한데, 법인에서 기금에 출연한 자금은 100% 손금으로 인정받을 수 있으며, 출연금은 모체 법인의 경영 여건에 따라 출연액 조정이 가능해 신축적으로 운용이 가능하다.

둘째, 직원들에게 복지 혜택을 확대함으로써 직원들의 애사심과 충성도가 높아져 생산성이 올라갈 수 있다.

셋째, 학자금 등을 기금에서 지급할 경우 직원의 급여 또는 상여가 아닌 비과세 증여재산이기 때문에 직원은 세금과 4대 보험료 부담이 없으며, 법인도 법인 부담분 4대 보험료를 납부하지 않아도 된다.

단점은 다음과 같다.

첫째, 모체 법인의 경영난 등 기금을 운영하기 어려운 상황에서도 기금 해산을 할 수 없고, 사업의 폐지, 합병, 분할에 의해서만 해산이 가능하다.

둘째, 기금 해산 시 잔여재산은 정관으로 지정된 자에게 귀속하되 정관으로 지정된 자가 없는 경우에는 근로복지기본법에 의한 근로복지진흥기금에 귀속한다.

셋째, 과세 당국의 검증 대상이 될 수 있다. 간혹 공익법인 등을 편법적으로 설립·활용하면서 불법 행위와 탈세를 하는 경우가 있기 때문이다.

특히 공익법인에 대해선 7대 검증 대상을 선정하고 있다. ① 출연받은 재산을 특수관계인 혜택 제공에 사용했는지, ② 변칙 회계

사내근로복지기금의 활용 시 장·단점 비교

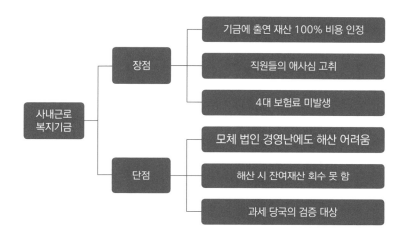

처리를 통한 부동산 매각 자금 등 공익자금 부당 유출 여부, ③ 출
연재산 및 운용 소득을 공익목적 외 사용 여부, ④ 불특정 다수가
아닌 특정 계층에만 공익사업 혜택 제공 여부, ⑤ 고가의 회원권 취
득, 가족 해외 유학비 지급 등 사적 사용 여부, ⑥ 특수관계인 부당
채용 및 허위 인건비 계상 여부, ⑦ 법인세 신고 누락 및 세법상 의
무 위반 혐의 여부 등이다.

따라서 우리 사업장에 사내근로복지기금을 도입하는 것이 합리
적인지 여부를 정확히 파악한 후 도입해야 한다.

09

장기 악성 매출 채권은 대손상각으로 정리하자

CASE

홍길동 대표는 경리직원으로부터 외상으로 제품을 구입한 후 대금 결제를 차일피일 미루던 거래처가 부도 처리되었다는 말을 들었다. 충격이 크지만, 그래도 법인 입장에서 선택할 수 있는 최선의 방법은 무엇일까?

회수 불가능한 외상매출금, 받을 어음 등의 매출채권을 대손상각비로 처리할 수 있다. 대금을 회수할 수 없는 상황은 안타깝지만, 대손상각비는 손익계산서상의 관리비 중 하나이기 때문에 대손으로 처리하면 비용이 증가해 법인세라도 줄일 수 있다.

또한 다음 재무상태표의 자산인 매출채권 금액이 17억 원에서 10억 원으로 감소하고 이익잉여금도 4억 8,000만 원으로 감소하게 되면서 당연히 기업 가치도 하락한다.

자녀들에게 지분 증여를 고민하고 있는 상황이라면 적극적으로 시도해 볼 수 있다.

대손상각비로 처리하기 위해선 대손이 확정되었다는 증빙 자료가 필요하다.

첫째, 채권의 소멸 시효가 완성되었음을 증명하는 자료가 필요한데, 채권 발생일과 소멸 시효 완성일을 명확히 기록한 장부나 계약서 등이 있으면 가능하다.

둘째, 법원의 파산, 회생 절차에 따른 채권 소멸을 증명하는 파산 선고 확정 판결문 또는 회생계획인가 결정문 등이 있으면 가능하다.

셋째, 채무자에 대해 강제집행을 시도했으나 실패했음을 증명하는 서류로 강제집행 신청서, 집행불능 증명서, 채무불이행자 명부 등재 확인서 등이다.

넷째, 채무자의 사망, 실종, 행방불명을 증명하는 서류가 있으면 가능하다.

다섯째, 법원에서 화해, 조정을 통해 채권의 일부 또는 전부가 소멸했음을 증명하는 서류가 있으면 가능하다.

여섯째, 채무자의 재정 상태를 고려하여 회수가 불가능함을 명백히 증명하는 자료로 재무제표, 파산 신청서, 채무자 회생 절차 신청서 등이 있으면 가능하다.

7억 원 부실채권 대손처리 시 재무상태표 변화 모습

[단위: 천 원]

자산	8,080,000	부채	6,800,000
유동자산	4,530,000	유동부채	3,800,000
당좌자산	4,030,000	매입채무	1,000,000
현금및 현금성자산	300,000	단기차입금	2,000,000
매출채권	1,700,000	미지급금	500,000
단기대여금	2,000,000	예수금	300,000
미수수익	10,000	비유동부채	3,000,000
선급금	20,000	장기차입금	3,000,000
재고자산	500,000	자본	1,280,000
비유동자산	3,550,000	자본금	100,000
투자자산	500,000	이익잉여금	1,180,000
유형자산	3,000,000	미처분이익잉여금	1,180,000
기타 비유동자산	50,000	당기순이익	300,000

① 매출채권 중 받을수 없는 7억 원을 대손으로 처리하면?

20**.12.31 [단위: 천 원]

자산	7,380,000	부채	6,800,000
유동자산	3,830,000	유동부채	3,800,000
당좌자산	3,330,000	매입채무	1,000,000
현금및 현금성자산	300,000	단기차입금	2,000,000
매출채권	1,000,000	미지급금	500,000
단기대여금	2,000,000	예수금	300,000
미수수익	10,000	비유동부채	3,000,000
선급금	20,000	장기차입금	3,000,000
재고자산	500,000	자본	580,000
비유동자산	3,550,000	자본금	100,000
투자자산	500,000	이익잉여금	480,000
유형자산	3,000,000	미처분이익잉여금	480,000
기타 비유동자산	50,000	당기순이익	-400,000

③ 4억 8,000만 원으로 감소

② -4억 원으로 적자 발생

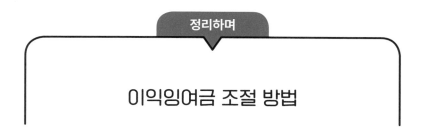

이익잉여금 조절 방법

이익잉여금 증가 속도 늦추기

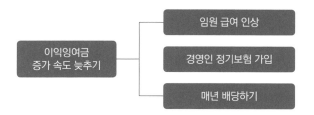

이익잉여금 증가 속도 늦추기	임원 급여 인상
	경영인 정기보험 가입
	매년 배당하기

이익잉여금 줄이기

이익잉여금 줄이기	이익 소각
	특정 법인 활용한 차등배당
	임원 퇴직금 지급
	사내복지기금 설립
	악성 매출채권 대손처리 하기

5장

퇴직금 준비하기

계약직 프리랜서 직원에게도 퇴직금을 지급해야 하나요?

소규모 제조업을 하는 중소기업을 경영하고 있는 홍길동은 계약직 프리랜서로 1년 근무하고 퇴직하는 직원이 퇴직금을 요구해 담당 노무사에게 문의했더니 퇴직금을 지급해야 한다고 한다. 퇴직금은 무조건 지급해야 하는 것인가?

누가 퇴직금을 받을 수 있을까?

근로자퇴직급여보장법 제4조(퇴직급여제도의 설정)

① 사용자는 퇴직하는 근로자에게 급여를 지급하기 위하여 퇴직급여제도 중 하나 이상의 제도를 설정하여야 한다. 다만, 계속근로기간이 1년 미만인 근로자, 4주간을 평균하여 1주간의 소정근로시간이 15시간 미만인 근로자에 대하여는 그러하지 아니하다.

이 법 규정을 해석하면 퇴직금을 받을 수 있는 사람은 사업장 규모와 관계없이 일주일의 평균 근로시간이 15시간 이상인 상태로 1년 이상 근로한 사람이다. 법적으로 근로기간이 만 1년이 되어야 받을 수 있기 때문에 만 1년이 되지 않은 자는 받을 수 없다.

그리고 근로 형태도 퇴직금과 관계없는데, 단기 계약뿐만 아니라 계약 갱신이나 동일한 근로계약을 반복했을 경우도 전부 계속 근로기간으로 간주되므로, 개별 계약이 1년 미만이라 하더라도 갱신이나 반복 등으로 1년 이상의 기간 동안 근로하였다면 퇴직금 지급 대상이 된다.

예를 들어 일부 사업장에서는 일반 근로자처럼 일을 시키면서도 프리랜서 신분으로 계약했다며 퇴직금 미지급이나 4대 보험 미가입 등 근로기준법 위반을 하는 경우가 있다.

프리랜서와 근로자와의 차이는 정해진 출퇴근 시간이 있고 사업주가 지휘, 감독을 하거나 급여가 시급제, 연봉제 등으로 정해져 있다면 노동자로 인정된다.

그러나 특정한 조직이나 사업장에 전속되지 않고 출퇴근 시간과 근로일이 특정되지 않고, 투잡을 할 수 있거나 구체적인 업무 지시를 받지 않는다면 프리랜서로 인정된다. 하지만 프리랜서 계약 상

퇴직금을 받을 수 있는 사람

태라도 만 12개월 이상 전속 근로자처럼 일했다면 퇴직금을 받을
수 있다.

대표님, 임원과 근로자의 퇴직금을 별도로 구분해야 하는 거 아시죠?

계약직 프리랜서에게도 퇴직금을 지급해야 한다는 사실을 알게 된 중소기업 대표 홍길동은 퇴직금을 지금부터라도 준비하려고 한다. 어떻게 퇴직금을 준비하는 것이 좋을까?

「근로자퇴직급여보장법」 제4조(퇴직급여 제도의 설정)에 따라 사용자는 하나 이상의 퇴직급여 제도를 설정해 두어야 한다. 하지만 퇴직급여 제도를 설정하지 않았을 때 불이익이 없기 때문에 강행 규정은 아니다. 그러다 보니 사용자가 고의든 과실이든 설정하지 않았다고 하더라도 법정 분쟁이 발생한다면, 퇴직금 제도를 설정한 것으로 간주하고 지급 여부를 결정한다. 즉 퇴직금을 지급하면 된다는 것이다.

중요한 것은 퇴직금은 목돈으로 지급해야 하기 때문에 미리 준비하지 않으면 법인 입장에서는 퇴직금을 지급하는 것이 부담스러울 수 있다. 따라서 법인에서는 미리 지급할 퇴직금을 준비할 필요가 있다. 이때 근로자 퇴직금 제도와 임원 퇴직금 제도를 구분하는 것이 합리적이다. 근로자 퇴직금은 퇴직연금(DB or DC)으로 준비하고, 임원 퇴직금은 일반 퇴직금 제도로 준비하는 것을 추천한다.

이렇게 구분하는 이유는 퇴직연금의 특징 때문인데, 다음과 같은 예외적인 경우 외에는 실질 퇴직인 경우에만 퇴직금으로 지급해야 한다. 이런 특징으로 인해 법인과 대표 입장에서는 퇴직연금에 적립되어 있는 많은 자금을 활용할 수 없다.

예외적으로 퇴직금 중간 정산이 가능한 경우
1. 무주택자가 주택을 구매하거나 전세 계약을 하는 경우
2. 근로자 본인 또는 가족이 6개월 이상 요양 비용을 근로자가 부담하는 경우
3. 파산선고 또는 개인회생 절차 개시가 결정된 경우
4. 임금피크제 실시로 임금이 줄어들게 되는 경우
5. 천재지변으로 큰 피해를 입은 경우

법인 퇴직금 제도의 이원화

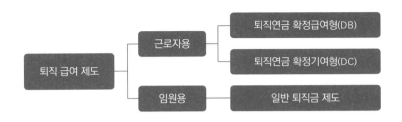

근로자의 퇴직금을 어떤
퇴직연금 유형으로 준비해야 하나요?

홍길동 대표는 직원들의 퇴직금 준비를 위해 퇴직연금에 가입하려고 한다. 담당 직원에게 들었는데, 잘 이해가 가지 않는다. DB와 DC 중 어느 것이 유리할 것인가?

법인 대표나 법인 입장에서는 근로자에게 지급할 퇴직금은 언젠가는 지급해야 할 부채이다. 그렇기 때문에 미리미리 조금씩 저축을 통해 미래에 지급할 퇴직금을 적립하고, 그 자금을 중도에 법인의 필요에 따라 자유롭게 활용할 수 없어야 실제로 퇴직금 지급 시점에 부족 자금 없이 지급할 수 있다.

그리고 퇴직금 지급을 위해 적립하는 자금이 법인에선 활용할 수 없는 지출이기 때문에 비용 처리가 가능하다면 법인세도 매년 절세할 수 있다. 이런 요건을 충족할 수 있는 방법이 퇴직연금이다.

퇴직연금은 크게 확정급여형(DB)과 확정기여형(DC) 그리고 개인형 퇴직연금(IRP)로 나눌 수 있다.

퇴직연금의 종류와 퇴직금의 크기

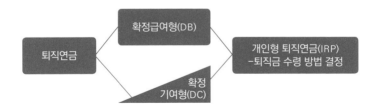

　확정급여형(DB)은 퇴직 시 근로자가 받을 금액이 미리 확정돼 있는 형태로, 법인이 퇴직연금을 관리한다. 근로자는 운용 결과와 상관 없이 퇴직 전 3개월 동안의 평균 임금을 기준으로 계산된 퇴직금을 받을 수 있다. 근로자의 급여가 매년 인상된다면, 법인이 지급해야 하는 퇴직금의 총 규모는 확정기여형(DC)보다 크다.

　확정기여형(DC)은 기업이 근로자 연봉의 일정 비율(보통 12분의 1)의 금액을 근로자의 퇴직연금 계좌에 납입하고 근로자가 이 계좌를 운용하는 방식이다. 근로자는 자신이 계좌를 어떻게 운용하느냐에 따라 퇴직 시 받을 금액이 달라진다. 과거 매년 지급하는 퇴직금 중간정산 방식을 제도화한 퇴직연금 유형이라고 할 수 있다.

　개인형 퇴직연금(IRP)은 근로자가 재직 기간 동안 확정급여형(DB) 또는 확정기여형(DC)으로 적립한 금액을 퇴직 시 이전하는 계좌이다. 이후 근로자는 이 계좌를 관리하면서 일시금으로 수령할지, 아니면 연금으로 수령할지 등을 결정하면 된다. 그리고 수령 시에는 퇴직소득세를 납부해야 하는데, 일시금으로 수령하는 것보다 연금으로 수령하는 경우에는 세금 감면 혜택이 있다.

그럼 법인에서 어느 유형으로 준비하는 것이 좋을까?

퇴직연금의 특징과 법인의 유동자금 상황을 고려해 퇴직연금의 유형을 선택하는 것이 합리적이다. 퇴직연금에 적립된 금액은 근로자의 퇴직금으로만 사용해야 하기 때문에 법인 입장에서는 많은 자금을 적립해 놓을 경우 유동자금이 부족한 상황이 발생할 수 있다.

따라서 원칙적으로 법인에서는 매년 퇴직금 추계액을 100% 충당해야 하는데, 확정급여형의 경우엔 법인에서 한 개의 계좌로 전 근로자의 퇴직금을 준비하는 방식이다. 때문에 법인의 이직률을 반영한 정도만 적립해도 퇴직금을 지급하는 데 지장이 없다면 퇴직금 추계액의 일부만 적립할 수 있다.

하지만 확정기여형(DC)은 앞에서 설명한 것처럼 매년 중간 정산의 개념으로, 근로자들의 퇴직연금 계좌에 매년 납입해 줘야 하기 때문에 100% 적립해야 한다.

예를 들어 근로자가 10명이고, 월 급여가 모두 300만 원, 평균 이직률 연 30%라고 할 때 확정급여형(DB)과 확정기여형(DC)의 적립금 차이를 비교해 보자.

1년 퇴직금 추계액은 3,000만 원으로 같지만, 확정급여형의 경우 한 개의 법인 계좌로 관리하면서 퇴직하는 근로자가 발생하면 그 계좌에서 근로자의 IRP로 퇴직금을 입금해 주면 된다. 그리고 모든 근로자가 일시에 퇴직하는 경우는 극히 드물기 때문에 퇴직금 추계액 [3,000만 원×30%=900만 원] 정도만 적립해도 퇴직금을 지급하는 문제가 없을 것이다.

하지만 확정기여형(DC)의 경우에는 근로자가 매년 중간 정산하는 유형이기 때문에 근로자 개개인의 퇴직연금 계좌에 300만 원

퇴직연금 중 어느 것을 선택해야 할까

씩, 총 3,000만 원을 납입해야 한다.

법인에서 보면 두 제도의 납입 금액 차이가 2,100만 원이고, 법인에서 이만큼의 유동자금은 확보할 수 있다. 하지만 설립 초기 법인인 경우에는 부담이 될 수 있는 금액일 수 있다.

확정급여형(DB)으로 퇴직금 추계액의 일부만 적립하다가 법인이 정상화되고 유동자금이 풍부하면 확정기여형(DC)으로 전환할 수 있다. 하지만 확정기여형(DC)에서 확정급여형(DB)으로의 전환은 불가능하다.

왜 임원의 퇴직금을
퇴직연금으로 준비하면 안 되나요?

홍길동 대표는 직원들의 퇴직금 준비를 위해 퇴직연금에 가입하면서 임원들도 함께 퇴직연금으로 준비하려고 하는데, 주변에서 사업을 하는 많은 대표가 퇴직연금에 가입하지 말 것을 권유한다. 왜 그럴까?

그 이유는 퇴직연금의 특징 때문이다. 퇴직연금은 중간 정산이 가능한 예외적인 사유 외에는 퇴직 시에 퇴직금으로만 수령해야 하는데, 대표의 경우에는 예외적인 사유에 해당하는 경우가 많지 않을 가능성이 크다. 결국 법인과 대표의 경우엔 임원의 퇴직금을 퇴직연금으로 적립하는 경우에는 중도에 자금을 활용하고 싶어도 퇴직연금에 적립되어 있는 자금을 활용할 수 없다는 제약이 있다.

그리고 임원의 경우에는 급여도 많고, 재직 기간은 길고, 임원 퇴직금 지급 규정에 따라 더 많은 퇴직금을 수령할 수 있다. 그런데 그런 자금을 유동성이 없는 퇴직연금으로 준비한다면 법인과 임원의 입장에서는 중도에 사용할 수 없는 자금만 지속적으로 증가하

퇴직일시금 제도의 의미

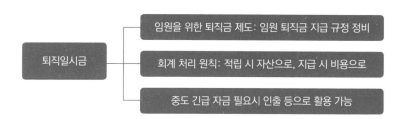

는 결과가 발생할 것이다. 그렇기 때문에 임원의 경우에는 퇴직연금보다는 퇴직일시금 제도로 준비할 것을 권유한다.

　퇴직일시금 제도는 예상 퇴직금을 법인의 자산으로 단순 적립후 퇴직 시에 지급하는 방식이기 때문에, 법인의 긴급자금이 필요한 경우에는 적립되어 있는 자금을 활용할 수 있다.

　임원의 퇴직금 준비를 위해 이 제도를 권유하는 이유는 임원 입장에서는 본인의 퇴직금 준비도 중요하지만, 그보다는 법인의 유동자금 위기 상황을 극복하는 것이 우선순위이기 때문이다.

임원의 퇴직금은 어떤 금융상품으로 준비하는 것이 좋나요?

홍길동 대표는 자신과 임원들의 퇴직금을 퇴직일시금 제도로 준비하기로 결정했다. 그럼 어떤 금융상품으로 준비하는 것이 좋을까?

중소기업 임원은 대부분 오너와 그 가족인 경우가 많으므로 재직기간은 당연히 길 수밖에 없다. 그리고 임원 퇴직금 지급 규정을 기준으로 퇴직금을 산출하면 상당히 많은 퇴직금을 지급해야 하기 때문에 임원 퇴직금도 미리 적립하는 것이 합리적이다.

임원 퇴직금을 적립하기 위해서는 해당 금융상품에 몇 가지 기능이 있어야 한다.

첫째, 강제성이 있어야 한다.

자유롭게 적립하라고 하면 많은 자금을 적립하기 어려울 가능성이 크다. 경영자들은 사용 목적이 정해지지 않은 유동자금이나 우선순위가 낮은 목적에 필요한 적립금이 있다면 재투자 등을 할 가능성이 크다.

금융상품의 강제성이라고 하면 중도 해지 시 원금 손실이라고 할 수 있는데, 중도 해지를 할 때 원금 손실을 본다면 최소한 원금 손실을 피할 수 있는 기간까지는 적립하게 될 것이다. 그리고 결국에는 많은 적립금을 임원 퇴직금으로 준비할 수 있을 것이다.

둘째, 강제성이 있다고 하더라도 유동성이 있어야 장기간 적립할 수 있다.

원금 손실이 발생하는 상황이더라도 중도 해지 외에는 다른 선택이 없다면 어쩔 수 없이 중도 해지할 수밖에 없다. 그렇게 되면 결국엔 충분한 퇴직금을 준비하기 어려울 수 있을 것이다. 따라서 긴급자금이 필요한 상황에서 적립금 중 일부를 인출 등을 통해 법인의 유동자금으로 활용할 수 있다면, 중도 해지하지 않고 장기간 적립이 가능하게 된다.

셋째, 연금으로 수령할 수 있는 기능이 있어야 한다.

임원들도 퇴직금을 활용해 향후 노후 자금으로 활용해야 하는데, 노후 자금으로는 매월 정기적, 안정적으로 연금을 수령할 수 있는 기능이 중요하다.

이 모든 기능을 가지고 있는 금융상품은 보험상품이다('법인에서 보험 활용하기' 편 참고).

임원 퇴직금 적립을 위한 금융상품별 특징 비교

구분	강제성	유동성	연금 수령
적금	낮음	높음	없음
적립식 펀드	중간	중간	없음
보험	높음	중간	있음

06

임원 퇴직금의 좋은 점은
무엇인가요?

홍길동 대표는 퇴직금을 많이 받는 것이 상여나 배당을 많이 받는 것보다 세금이 적다는 말을 들었다. 왜 퇴직금은 세금이 적을까?

첫째, 우리나라 소득세 구조는 분류과세를 선택하고 있다. 때문에 퇴직소득은 종합소득이나 양도소득과 합산하지 않고 개별적으로 세금을 납부하므로 분산되는 효과가 있어 세금이 적다. 물론 수령한 퇴직금이 「소득세법」에서 정한 퇴직소득 한도 이내여야 하고, 그 한도를 초과한 부분에 대해서는 명목은 퇴직금이어도 세금은 종합소득으로 과세하기 때문에 많은 세금이 발생할 수 있다(이 부분은 정관 변경 규정 부분과 배당소득세 절세 부분에서 일부 설명함).

둘째, 퇴직소득세를 계산하는 방식의 특징이 있다. 다음 퇴직소득세 계산 프로세스를 보면 공제를 많이 해 주는데, 재직기간에 따라 근속연수 공제 후 차등 공제를 추가로 하기 때문에 공제가 많아

퇴직소득세 계산 프로세스

퇴직급여(퇴직소득)		근속연수	근속연수 공제
		5년 이하	100만 원×근속연수
−	근속연수공제	~10년 이하	500만 원+200만 원×(근속연수−5년)
		~20년 이하	1,500만 원+250만 원×(근속연수−10년)
×	12	~20년 초과	4,000만 원+300만 원×(근속연수−20년)
÷	근속연수		

		환산급여	차등 공제
=	환산급여	800만 원 이하	환산급여의 100%
		~7,000만 원 이하	800만 원+800만 원 초과분의 60%
−	차등공제	~1억 원 이하	4,520만 원+7,000만 원 초과분의 55%
		~3억 원 이하	6,170만 원+1억 원 초과분의 45%
=	퇴직소득과세표준	3억 원 초과	15,170만 원+3억 원 초과분의 35%

		과세표준	세율
×	소득세율	1,400만 원 미만	6%
		1,400만 원~5,000만 원	15%
=	환산 산출세액	5,000만 원~8,800만 원	24%
		8,800만 원~1억 5,000만 원	35%
÷	12	1억 5,000만 원~3억 원	38%
		3억 원~5억 원	40%
×	근속연수	5억 원~10억 원	42%
		10억 원 초과 45%	45%
=	산출세액		

세금이 적게 계산된다.

셋째, 연분연승을 활용해 세금을 계산하는 구조다. 퇴직소득은 재직기간 동안 발생한 퇴직금을 퇴직 시 일시에 수령하기 때문에 세금을 계산할 경우에도 매년 발생한 퇴직금에 대해 세금을 계산 후 한꺼번에 납부하는 것이 합리적이다.

이런 합리적인 계산을 위해 도입된 방식이 연분연승 계산 구조이다. 이는 먼저 근속연수로 나눠 과세표준을 적게 해 낮은 소득세율을 적용한 후 산출된 세액에 다시 근속연수를 곱해서 납부할 세금을 계산하는 구조이다.

연분연승에 대한 이해를 돕기 위해 설명하면 10년 재직 후 퇴직금 1억 원을 받은 경우 간단하게 퇴직소득세를 계산하면 [1억 원÷10년×6%=60만 원×10년=600만 원]이다. 그런데 1억 원을 퇴직 시 당해 연도의 소득으로 보면 [1억 원×35%-1,544만 원=1,956만 원]이다. 세금의 차이가 큰데 연분연승의 매력이 여기에 있다.

넷째, 임원의 퇴직금을 퇴직일시금으로 준비할 경우 그 적립금은 법인의 자산이기 때문에 법인에 유동자금이 필요한 긴박한 상황에는 적립금으로 유동성 위기를 극복할 수 있다. 하지만 퇴직연금으로 준비할 경우에는 이런 용도로 활용할 수 없다.

다섯째, 퇴직한 임원의 안정적인 노후 자금으로 활용할 수 있다. 개인사업자는 퇴직금이 없어 개별적으로 노후 자금 준비를 해야 한다. 하지만 법인의 임원은 퇴직금을 수령할 수 있어 노후 자금을 충분히 준비할 수 있는 이점이 있다.

여섯째, 가업 승계 시 기업 가치를 낮춰 증여세를 줄일 수 있다.

임원 퇴직금의 좋은 점

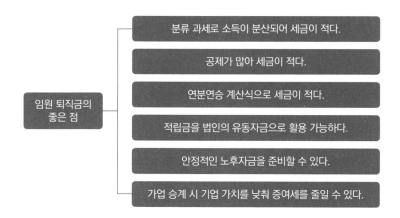

정관 규정에 따라 지급하는 퇴직금은 법인에서는 합법적인 비용으로 처리되어 법인의 이익이 감소하게 되고, 많은 퇴직금을 지급하면 법인의 자산도 감소하게 되어 기업 가치는 하락하게 된다. 임원인 부모가 퇴직 후 다음 해에 소유하고 있는 법인의 지분을 승계할 자녀에게 증여한다면 낮아진 기업 가치로 증여하게 되어 합법적으로 증여세를 줄일 수 있다.

6장

법인에서
보험 활용하기

01

단체보험에 왜 가입해야 하나요?

제조업을 하는 법인을 경영하는 홍길동은 지인인 보험설계사로부터 법인 보험 가입을 권유받았다. 법인에서 보험을 가입할 필요가 있을까?

법인도 개인처럼 보험에 가입하고 있으며, 가입할 필요가 있다. 대표적인 보험이 의무적으로 가입해야 하는 산재보험이 있으며, 공장 화재 등에 대비한 화재보험, 법인용 차량 등에 대한 자동차보험 등이 있다. 이런 보험들은 회사에서 발생할 수 있는 사고 등에 대비하기 위해 가입한 것이다. 그 이외에 어떤 보험에 가입해야 할까?

먼저 단체 보장보험에 가입할 필요가 있는데, 그 이유는 「산업재해보상보험법」에서 정의하고 있는 용어를 보면 점점 보장의 범위가 넓어지고 있는 것을 알 수 있기 때문이다.

「산업재해보상보험법」 제5조(정의)의 주요 용어의 정의는 다음과 같다.

산업재해보상보험법 제5조

1. "업무상의 재해"란 업무상의 사유에 따른 근로자의 부상·질병·장해 또는 사망을 말한다.
5. "장해"란 부상 또는 질병이 치유되었으나 정신적 또는 육체적 훼손으로 인하여 노동능력이 상실되거나 감소된 상태를 말한다.
6. "중증요양상태"란 업무상의 부상 또는 질병에 따른 정신적 또는 육체적 훼손으로 노동능력이 상실되거나 감소된 상태로서 그 부상 또는 질병이 치유되지 아니한 상태를 말한다.
8. "출퇴근"이란 취업과 관련하여 주거와 취업 장소 사이의 이동 또는 한 취업 장소에서 다른 취업 장소로의 이동을 말한다.

재해의 범위에 '질병'이 포함되어 있는 부분과 장해 중 '정신적으로 노동능력이 상실되거나 감소된 상태'를 말하는 부분에서 보장의 범위가 넓어지고 있음을 알 수 있다.

일반적으로 재해는 사고를 생각하는데 「산재보험법」에서는 질병도 포함하고 있어, 질병의 원인을 정확히 규명하기 어려운 경우엔 개인적인 원인에 의한 질병도 산재로 인정될 가능성이 있다. 결과적으로는 법인 대표의 부담이 커질 수밖에 없다.

건축 설계를 하는 법인을 경영하는 홍길동은 지인인 보험설계사로부터 단체 보험 가입을 권유받았으나, 건축 설계 특성상 위험한 일이 발생할 가능성이 매우 낮아서 가입하지 않았다. 그런데 비 오는 날 직원(나이 35세, 월 400만 원 급여)이 급하게 뛰다가 계단에서 넘어지면서 머리를 크게 다쳐 의식이 없다. 그제야 홍길동은 직원 치료비 등의 보상을 알아보는데 표정이 심각하다. 왜 그럴까?

바로 보상 금액 때문이다. 산재 발생 시 산재보험으로부터 보상 받을 수 있는 급여의 항목은 크게 네 가지인데, 요양급여, 휴업급여, 장해급여, 유족급여다.

- 요양급여는 근로자가 산재로 4일 이상 요양한 경우 받을 수 있는 치료비다.
- 휴업급여는 요양으로 인해 취업하지 못한 기간 동안 지급하는 급여로서 근로자 평균임금의 70%를 지급받을 수 있다.
- 장해급여는 치료 종결 후 신체에 장해가 남아 있는 근로자에게 장해보상연금 또는 일시금으로 받을 수 있는 급여이다. 장해 등급을 1~14급으로 나누고 1급은 1,417일분의 평균 급여, 14급은 55일분의 평균 급여를 지급한다.
- 유족급여는 업무상 사망한 근로자의 유족이 받을 수 있는 급여로 평균임금의 1,300일분이며, 평균임금의 120일분에 해당하는 장례비를 추가로 받을 수 있다.

산재보험의 보상 범위

	요양급여	4일 이상 요양 시 치료비
산업재해 보상보험법	휴업급여	평균임금의 70%
	장해급여	1급(1,417일)~14급(55일)
	사망	유족 보상금(1,300일)+장례비(120일)

　이 사례에서 다친 직원이 치료가 잘되어 정상적인 생활을 할 수 있다면 다행스러운 일이지만, 장해가 발생하거나 사망했다면 어떻게 될 것인가?

　그런 상황이 발생한다면 장해가 발생한 경우에는 직원 본인이, 사망인 경우에는 유족이, 산재로 근로하지 못해 발생한 일실소득에 대한 손해배상을 요구하며 소송까지 가는 경우가 다반사다. 그리고 법인에서 일실소득에 대한 손해배상을 해야 분쟁이 종결될 수 있다.

　이때 단체보험의 보험금을 손해배상에 활용한다면 법인 유동자금 부분에서도 합리적이라고 할 수 있다.

단체보험으로 법인을
유동성 위기에서 구할 수 있나요?

우리나라 산업 현장에서 얼마나 많은 산업재해가 발생하고 있는지 알 수 있는 자료가 있는데, 고용노동부가 2023년에 발표한 2022년 산업재해 분석 현황이다. 이 자료에 의하면 우리나라 산업 현장에서 매일 6.1명 사망하고, 121.2명의 장해가 발생하고 있다.

그리고 산업재해 발생 사업장의 규모별 현황을 보면 직원 수 50명 미만인 소규모 사업장에서 전체 산재 발생의 69.9%가 발생하고 있음을 알 수 있다. 대기업보다 많은 부분에서 열악한 중소기업에서 대부분의 사고가 발생하고 있는 현실임을 알 수 있다. 지금까지 우리 회사에서는 산재가 없었다고 안심하고 있어서는 안 되는 이유이다.

산재로 직원이 사망했다면 보상금은 어느 정도 발생할 것인지에 대해 예를 들어 설명해 보겠다. 만약 사례에서 직원이 사망한다면 산재보험에서 유족급여와 장례비로 평균임금의 1,420일분을 지급하는데, 유족 입장에선 3년 11개월 정도의 급여 정도이다. 법정 정년인 60세까지 25년 동안 일을 할 수 있었던 직원이 산재로 사망해 3년 11개월분의 보상금만 받게 되니 유족 입장에선 끊어진 소득 기간인 21년 1개월분의 일실소득인 약 10억 원 이상의 손해배상을 요구한다.

소송 또는 협상 과정에서 직원의 과실 상계 등을 적용하더라도 수억 원의 손해 배상금을 유족에게 지급해야 한다. 이런 사건이 발생하면 중소기업은 유동자금이 부족해 도산의 위기를 맞을 수도 있다.

이 사례를 가지고 법인에게는 어느 정도의 타격이 있는지를 알아보자. 유족이 요구한 일실소득 10억 원 중 50%만 인정되어 5억 원을 지급해야 한다고 하면, 법인은 유동자금 중 5억 원을 지급해야 한다. 법인에서 다시 5억 원의 유동자금을 마련하기 위해 대출이 아니라 매출을 늘려서 마련한다면 얼마의 추가 매출이 발생해야 할까?

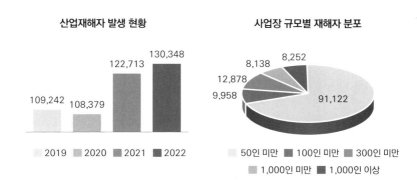

고용노동부, 2022년 산업재해 분석 현황

산업재해자 발생 현황

109,242 (2019)
108,379 (2020)
122,713 (2021)
130,348 (2022)

■ 2019 ■ 2020 ■ 2021 ■ 2022

사업장 규모별 재해자 분포

8,252
8,138
12,878
9,958
91,122

■ 50인 미만 ■ 100인 미만 ■ 300인 미만
■ 1,000인 미만 ■ 1,000인 이상

법인의 순이익률이 10%라면 50억 원의 추가 매출이, 순이익률이 5%라면 100억 원의 추가 매출이 바로 발생하고 대금 결제까지 이루어져야 가능한 정도의 큰 금액인데, 현실적으로 어려운 부분이다.

결국 산재 사고가 발생하지 않는 것이 이상적이지만, 대표가 모든 사고를 예방할 수는 없다. 그럼 차선으로 산재 사고 발생 이후에 손해 배상에 대해 준비하는 것이 합리적이다.

손해 배상 준비 방법의 첫 번째가 산재보험이고, 두 번째가 단체보험이다. 단체보험은 법인에서 가입하고, 사고가 발생했을 때 산재보험으로 부족한 손해 배상금에 활용할 수 있다. 보험료는 법인의 자금 여력, 작업의 위험도 등을 고려해 합리적인 수준에서 결정하면 된다.

단체보험에 가입하는 가장 큰 목적은 산재 사고가 발생했을 때 큰 자금이 필요한 상황인 장해보상금 또는 사망 시 일실소득에 대한 손해 배상금 지급을 위한 자금을 마련하기 위함이다.

그 이유는 산재 사고 발생 시 직원들의 치료비는 산재보험으로 충분히 가능하고, 법인에서 추가로 지급할 배상금도 크지 않아 법인의 유동자금 등에 크게 영향을 미치지 않는다. 하지만 앞에서 간단 계산한 것처럼 장해나 사망의 경우엔 상당히 큰 자금이 법인에서 지출되는데, 이를 오롯이 법인의 유동자금으로 지급한다면 유동성 위기가 올 수 있다. 자금 사정이 넉넉하지 않은 중소기업의 경우에는 위기감이 더 클 것이다.

이런 상황에 대비해 준비하는 것이 단체보험이다. 2024년 1월 27일부터 「중대재해처벌법」의 적용 대상이 50인 미만 사업장으로 확대되어 중소기업 대표의 산재 사고에 대한 책임감이 증가했다.

단체보험 가입 후 사망 사고 발생 시 보상 프로세스

| 사망 사고 발생 | 근로복지공단 유족급여와 장례비 | 유가족 일실소득 산출 | 회사 상대 손해 배상 청구 | 단체보험의 보험금으로 배상금 지급 |

하지만 대표가 산재 발생 시 그 직원의 피해 구제를 위해 보험 가입 등 적극적인 노력을 했다면 처벌 수위를 낮출 사유에 해당한다.

경영인 정기보험에 가입하면
법인세를 줄일 수 있나요?

CASE

법인을 경영하고 있는 홍길동은 지인인 보험설계사로부터 경영인 정기보험에 가입하면 법인세를 줄일 수 있다는 말을 듣고, 기장 세무사에게 문의하였더니 부정적인 말을 하는데 누구 말이 맞는 것일까?

　결론부터 말하면 경영인 정기보험은 비용 처리가 가능하다. 앞에서 합리적인 비용을 늘려 법인세를 줄이는 부분에서 법인의 화재보험, 자동차보험과 마찬가지로 경영인 정기보험도 가입 목적이 사업과 관련되어 있으며, 특징이 만기 시 환급금이 없는 소멸성 보험이기 때문에 비용 처리가 가능하다.

　그렇지만 경영인 정기보험은 보험기간이 길고, 만기 시까지 매월 납입해야 하기 때문에 많은 보험료를 납부한다. 그런데 만기 시에 환급금이 없다면 법인 입장에서는 많은 자금의 손실이 발생하게 된다. 그래서 보통 5~10년 사이에 해약해 환급금에 대한 법인세를 납부하고 법인에서 유동자금으로 사용한다(그림 참조).

경영인 정기보험 가입 후 해약까지 회계 처리

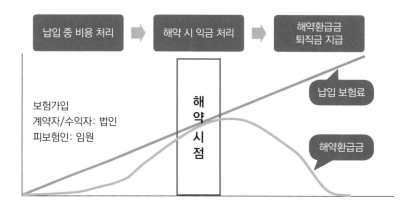

납입 시에는 비용 처리로 법인세를 덜 내지만, 해약하면 환급금에 대해 법인세를 내야 한다면 가입할 필요가 있을까? 그래도 가입해야 할 이유가 많다.

첫째, 해약 시 환급금만큼 신규 비용을 발생시킨다면 법인세를 납부하지 않아도 되는데, 대표적인 비용이 임원의 퇴직금이다. 특히, 건설사와 조달청 관련 제조업, 학교 급식업의 경우에는 사업 특성상 적자가 발생하면 입찰 등에 지장을 받을 수 있다. 만약 임원의 퇴직금을 법인의 자산으로 지급하면 퇴직금이 모두 당해 연도 비용으로 처리되는데 그 금액이 커서 법인 결산 결과 적자가 발생하면 입찰에 부정적인 영향을 줄 수 있다.

하지만 경영인 정기보험의 해약환급금으로 퇴직금을 지급하면 환급금을 익금 산입하고, 지급한 퇴직금을 손금산입하기 때문에 당해 연도 손익에 영향을 끼치지 않는다.

둘째, 해약 시 환급금이 익금으로 처리되는 부분을 법인에서 유용하게 활용할 수 있다. 법인에서 적자가 발생하면 입찰과 대출 금리 등에 부정적인 영향을 끼칠 수 있는데, 법인이 연말에 가결산 결과 적자가 예상된다면, 가입한 경영인 정기보험을 해약하고 환급금을 익금으로 처리하면 법인 결산 결과가 적자에서 흑자로 전환될 수 있다.

가입 후 해약을 고려한다면 가입 시부터 환급률을 높이기 위한 방법을 선택할 필요가 있고, 그것은 가입하는 피보험자를 젊은 자녀로 하는 것이 합리적이다. 앞에서 설명했던 함께 일하고 있는 자녀를 임원으로 등재할 필요성이 하나 더 늘었다.

셋째, 사업 특성상 매출원가 비율이 낮은 서비스업, 부동산 임대업을 하는 법인 등의 경우에는 이익률이 높아 많은 법인세를 납부해야 하는데, 경영인 정기보험을 통해 합리적인 비용처리를 할 필요가 있다.

넷째, 화폐의 시간가치를 고려하면 당연히 가입해야 하는데, 지금 세금으로 100만 원을 덜 내고, 10년 후 100만 원을 낸다고 하면 절대 금액은 100만 원으로 같다. 하지만 지금의 100만 원과 10년 후의 100만 원은 그 가치가 다르기 때문이다.

다섯째, 법인에는 납입 보험료 비용처리를 통해 법인세를 덜 납부한 만큼의 유동자금이 늘어나는 결과가 되는데, 그 자금을 재투자한다면 추가적인 수익을 창출할 수도 있다.

여섯째, 해약 전에 가입한 임원이 사망하면 약정한 사망보험금을 법인이 수령하고, 법인의 유동자산으로 활용하면 된다. 만약 사망한 임원이 대표라면 법인에서는 대표의 유족에게 퇴직금과 유족보상금을 지급할 수 있다. 그리고 대표가 유족에게 상속해 준 법인주식을 법인에서 유족으로부터 다시 사준 후 소각할 수도 있다. 이런 상속 후 소각을 통해 가업 승계를 하는 과정에서 발생할 수 있는 상속세를 준비할 수도 있다.

경영인 정기보험 가입 시 이점

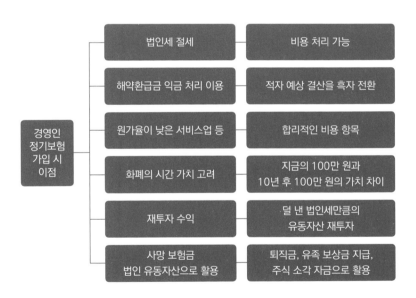

대법원
제1부
판결

사　건　　　　2015다56147손해배상금
원고, 상고인　　주식회사 A
피고, 피상고인　1. ○○○○보험 주식회사
　　　　　　　　2. B
원심 판결 서울고등법원 2015.8.21 선고2014나47797 판결
판결 선고 2018.8.30

주 문

상고를 모두 기각한다.
상고 비용은 원고가 부담한다.

이 유

상고 이유를 판단한다.
원심은 원고가 피고 B이 설명한 대로 납입한 보험료 전액을 손금으로 처리하였고, 이에 대하여 세무 처리가 잘못되었다는 이유로 과세 처분을 받은 적도 없다는 등의 사정을 들어 피고 B에게 설명 의무 위반이 있었다고 인정하기 어렵다고 판단하였다. 원심판결 이유를 관련 법리와 기록에 비추어 살펴보면, 원심의 위와 같은 판단은 수긍할 수 있고, 거기에 논리와 경험의 법칙을 위반하여 자유심증주의의 한계를 벗어나거나, 보험계약 체결에 있어서의 고객보호 의무 내지 설명의무 등에 관한 법리를 오해한 잘못이 없다. 상고이유에서 들고 있는 판결은 이 사건과는 사안이 달라 원용하기에 적절하지 아니하다.

그러므로 상고를 모두 기각하고 상고비용은 패소자가 부담하기로 하여 관여 대법관의 일치된 의견으로 주문과 같이 판결한다.

재판장　　대법관 김선수
대법관　　권순일
주심　　　대법관 이기택
대법관　　박정화

법인에서 종신보험을 가입하면 가업 승계에 도움이 되나요?

제조업을 하는 중소기업을 경영하고 있는 홍길동은 법인을 승계해 주고 싶은 데, 상속세와 증여세가 부담되어 고민이 많다. 세법상 가업 승계를 하면 세금을 많이 줄일 수 있으나, 사후관리 조건 등이 까다로워 선택하기 쉽지 않다. 그런데 법인에서 종신보험을 가입하면 가업 승계 시 상속세 준비를 별도로 하지 않아도 된다는 말을 들었는데 이게 가능한 일일까?

 종신보험은 사망 시기에 관계 없이 가입한 피보험자가 사망하면 사망보험금을 수익자에게 지급하는 보험이다. 과거에는 젊은 가장이 갑자기 사망한다면 유족의 생활비, 학자금 등으로 사용하기 위해 적은 보험료를 납부하고 많은 사망보험금을 수령할 목적으로 가입하는 보험이었다. 그러다 보니 중도 해약 시 원금 손실이 컸다.
 하지만 최근의 종신보험은 고객의 니즈인 목돈 마련과 사망보장을 함께 준비할 수 있게 변화하였다. 그런데 이런 종신보험을 법인에서 가입해 가업 승계에 도움이 된다는 것이 무슨 말인가?

첫째, 법인 종신보험의 적립금으로 임원 퇴직금을 지급하면 기업 가치가 하락해 상속세 및 증여세가 감소하게 된다. 종신보험은 경영인 정기보험과 달리 납입 보험료를 자산으로 처리했다가 임원이 퇴직할 경우, 종신보험의 적립금으로 퇴직금을 지급하면 비용이 증가하고 법인의 이익은 감소해 기업 가치가 하락한다. 그 이후 부모의 지분을 승계받을 자녀에게 증여한다면 증여세를 줄일 수 있는 것이다.

둘째, 법인에서 가입한 종신보험을 계약자 변경을 해서 임원의 퇴직금으로 받을 수 있다. 종신보험은 보통 납입기간이 10년 정도인데, 이 기간 동안 법인에서 납입하고, 임원이 퇴직 시 계약자 변경을 통해 퇴직금을 받는다면 임원은 이후 보장만 받으면 되는 이점이 있다. 그리고 보장이 필요 없다면 연금으로 전환도 가능해 노후 자금으로 활용할 수도 있다.

법인 종신보험의 활용

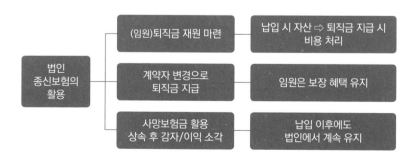

셋째, 가입한 임원 사망 시 사망보험금을 법인에서 수령해 상속 후 감자/이익 소각의 재원으로 활용할 수 있다. 사망한 임원이 대주주이고, 대표라면 사망과 동시에 유족은 상속세를 납부해야 하는 의무가 발생한다. 현재 상속세는 상속일이 포함된 달의 말일로부터 6개월 이내 신고하고, 현금으로 납부해야 하는 것이 원칙이다.

그런데 우리나라 중소기업 대표들의 자산 구성을 보면 해당 법인 주식과 부동산이 대부분을 차지하고 있으며, 현금성 자산은 많지 않아 유족은 상속세 납부를 위한 재원 마련에 어려움을 겪는다.

상장 법인의 경우에는 증권거래 시장에서 주식을 팔아 현금을 마련할 수 있지만, 비상장 법인인 중소기업의 주식은 거래가 이루어지지 않아 현금을 마련하기 어렵다. 이럴 때 활용할 수 있는 것이 사망한 임원이 상속해 준 주식을 유족은 상속받은 가격으로 법인에 되팔고, 현금을 받아 상속세를 납부하면 된다(그림 참조).

상속 후 감자/이익 소각 프로세스

법인은 수령한 사망보험금을 활용해 주식을 사 주고, 이후 주식을 소각하면 되는데, 이 과정에선 추가적인 세금이 발생하지 않는다. 상속은 어쩔 수 없이 발생한 상황이고, 상속받은 주식가격과 법인에 되팔고 소각한 주식가격이 동일하기 때문이다.

이를 위해서는 유족은 상속받은 주식만 법인에 팔아야 차익이 없어 추가로 세금이 발생하지 않는데, 유족도 이전부터 주주였다면 상속받은 주식과 이전부터 보유하고 있던 주식을 구분해야만 한다. 그래서 상속 후 감자/이익 소각을 위해서는 반드시 대표의 사망이 발생하기 이전에 주권 발행을 해야 한다(주권 발행에 대해서는 '이익소각을 활용한 가지급금' 부분 참고).

유족 입장에서는 거액의 상속세를 자신들의 자금이 아닌 법인 자금으로 납부할 수 있어 어깨가 가벼워질 것이다.

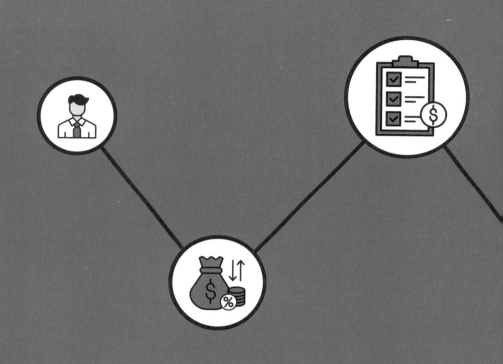

PART 03

법인의 출구 전략

1장

승계

사업을 그만 하고 싶은데
어떻게 해야 하나요?

60대 후반인 홍길동 대표는 30년 동안 사업을 해 힘도 들고 많이 지쳐서 자녀들에게 사업을 물려주고 여행을 하며 쉬고 싶어 한다. 그런데 아직 자녀들은 사업을 물려받을 준비가 안 되어 있는 것 같고, 물려주면 세금이 너무 많이 예상되어 주저하고 있다. 지금부터 홍길동 대표는 무엇을 준비해야 할까?

오랫동안 법인으로 사업을 하다 보면 선택의 순간이 오는데 자녀에게 승계할지, 매각할지, 아니면 폐업 후 청산할지를 결정하는 출구 전략 단계이다.

법인의 미래 성장 가능성 여부, 가업을 승계할 자녀의 능력 유무, 보유하고 있는 이익잉여금의 규모와 세금 등을 고려해 어떤 출구 전략을 선택할지 결정하는 것이 합리적이다.

정부와 과세 당국 입장에서는 기업이 계속 존속해야 고용 유지와 경제 성장 등을 기대할 수 있기 때문에 가업 승계를 지원하기 위한 제도를 운영하고 있다. 그리고 능력 있는 자녀들의 창업을 돕기 위한 제도도 별도로 운영하고 있다.

　최근에는 산업의 빠른 트랜드 변화로 인해 부모의 사업을 물려받기보다는 독자적인 사업을 하고자 하는 자녀들이 늘고 있다. 이런 자녀들에게 자금력이 풍부한 부모가 세금 부분에서 혜택을 받으면서 사업 자금을 증여해 창업을 도울 수 있다면 고용 창출 등 국가 경제 발전에도 많은 기여를 할 수도 있을 것이다.

　자녀가 승계하지 않는다면 적절한 가격에 법인을 매각하는 것도 생각할 수 있다. 이를 위해서는 법인을 매력적으로 만들 필요가 있다. 매각도 어렵다면 결국 청산 절차에 들어가야 한다.

　법인의 출구 전략에서 피할 수 없는 것이 세금인데, 세금 등을 고려해 합리적인 방법을 찾아보도록 하자.

법인의 출구 전략

법인 출구 전략	자녀 독자 창업	창업자금 증여세 과세특례
	승계	상속세 및 증여세 전략 -가업 승계 vs 일반 승계
	매각/M&A	매력적인 법인 만들기 -가족으로 주주 분산
	폐업 후 청산	청산 시 배당소득세 절세

02

창업하려는 자녀를
어떻게 도와줄 수 있나요?

홍길동 대표는 자신의 사업을 물려받지 않고 독자적으로 사업을 하기 위해 창업하고자 하는 아들을 도와주고 싶다. 어떤 제도를 활용하면 좋을까?

창업자금에 대한 증여세 과세특례를 활용하면 된다. 이 제도는 60세 이상인 부모가 18세 이상의 거주자인 자녀에게 창업자금을 증여해 줄 경우 증여세 절감 혜택을 주는 제도이다.

세금 혜택은 창업 목적으로 50억 원(10명 이상 고용 시 100억 원)까지 증여할 수 있는데 증여한 재산 중 5억 원까지는 증여세가 발생하지 않으며, 초과 금액에 대해서는 10%의 증여세만 납부하면 되기 때문에 증여세가 매우 적다.

이를 일반 증여와 비교해 보자. 10억 원을 일반 증여하면 [(10억 원−5,000만 원)×30%−6,000만 원(누진공제)=2억 2,500만 원]의 증여세를 납부해야 한다. 하지만 창업자금으로 증여하면 [(10억 원−5억 원)×10%=5,000만 원]의 증여세만 납부하면 되기 때문에 매우 매력적인 제도이다.

이 제도를 활용하기 위해서는 요건을 갖추어야 한다.

첫째, 60세 이상의 부모가 증여해야 하고, 자녀는 18세 이상인 거주자여야 한다. 그리고 창업자금을 증여받은 후 사업자등록을 신청해야 한다. 반대로 사업자등록을 먼저 하면 이 제도를 활용할 수 없다.

둘째, 부동산, 부동산과 관련된 권리, 주식·출자 지분, 영업권 등 양도소득세가 발생하는 자산을 증여하면 안 되고, 증여세 신고 기한(증여일이 속한 달의 말일로부터 3개월)까지 창업자금 증여세 과세특례를 신청해야 한다.

셋째, 창업자금을 증여받은 자녀는 2년 이내에 창업해야 하고, 4년 이내에 증여받은 자금을 창업자금으로 사용해야 한다. 매년 창업자금 사용명세서를 작성해 관할 세무서장에게 제출해야 하고, 명세서 미제출 시 가산세(0.3%)를 납부해야 한다.

넷째, 대상 업종은 「조세특례제한법」 제6조제3항에 따른 중소기업을 말하기 때문에 자녀가 창업하려는 업종이 과세특례에 해당하는 업종인지 여부를 먼저 확인해야 한다.

창업자금으로 증여 시 세제 혜택을 종합적으로 보면 [창업자금 증여세 과세특례에 의한 증여세 절감+부모 부동산(사업장으로 사용 목적) 저가 매수 가능+법인등록면허세 면제+사업용 자산 취득세

면제(75%)+창업 중소기업 법인세(소득세) 감면] 등이 있다.

자녀의 창업 기업에 부모 기업의 자산을 합법적으로 물려줄 수 있는 방법이 있는데, 바로 특정 법인을 활용한 차등배당을 하는 것이다.

이를 위해서는 자녀의 창업 기업에서 부모 기업의 주식을 일부 인수 후 특정 법인을 활용한 차등배당을 한다면 부모 기업의 자산과 가치는 점점 감소하게 되고, 반대로 자녀 법인의 자산과 가치는 증가하게 되어 자연스러운 가업 승계와 자산의 이전을 기대할 수 있다(이 부분은 p197의 '특정 법인을 활용한 이익잉여금 줄이기'에서 공부함).

그리고 부모 기업의 거래처를 자녀의 창업 기업으로 이전할 수도 있다. 이런 경우를 '일감 몰아주기'라고 하는데, 대기업군의 경우에는 일감 몰아주기에 대해 증여세가 발생한다. 하지만 중소기업의 경우에는 증여세가 발생하지 않는다. 이 방법을 활용하면 세법상 까다로운 가업 승계 요건 충족을 걱정할 필요 없이 자연스럽게 가업 승계를 할 수 있다.

창업자금에 대한 증여세 과세특례제도에는 크게 두 가지 단점이 있다.

첫째, 증여세를 추징당할 수 있는 경우이다.
① 4년 이내에 증여받은 창업자금을 모두 사용하지 않거나, ② 증여받은 후 10년 이내 사업 외의 용도로 사용한 경우, ③ 창업 후 10년 이내에 사업을 폐업한 경우, ④ 10년 이내에 증여받은 자가

사망한 경우 등 네 가지 중 어느 하나만이라도 해당하면 이자 상당액을 가산해 증여세를 추징한다.

둘째, 일반적인 증여의 경우에는 증여받고 10년이 경과한 후 증여해 준 부모님의 상속이 발생하면 부모님의 상속 재산에 과거 증여 재산이 포함되지 않아 상속세를 줄일 수 있다. 그러나 창업자금 증여세 과세특례를 통해 증여받은 재산은 기간 경과와 관계 없이 무조건 상속재산에 합산된다는 단점이 있다.

수증자별 증여공제 한도

수증자	공제 한도액	비고
배우자	6억 원	
직계존속	5,000만 원	
직계비속	성인 5,000만 원 미성년자 2,000만 원	혼인, 출산의 경우 1억 원 추가 공제
기타 친족	1,000만 원	

상속세 및 증여세율

과세표준	세율	누진공제
1억 원 미만	10%	
1억~5억 원 미만	20%	1,000만 원
5억~10억 원 미만	30%	6,000만 원
10억~30억 원 미만	40%	1억 6,000만 원
10억 원 이상	50%	4억 6,000만 원

창업 중소기업에 해당하는 업종(조세특례제한법 제6조 3항)

1. 광업

2. 제조업(제조업과 유사한 사업으로서 대통령령으로 정하는 사업을 포함한다. 이하 같다)

3. 수도, 하수 및 폐기물 처리, 원료 재생업

4. 건설업

5. 통신판매업

6. 대통령령으로 정하는 물류산업(이하 "물류산업"이라 한다.)

7. 음식점업

8. 정보통신업. 다만, 다음 각 목의 어느 하나에 해당하는 업종은 제외한다.
    가. 비디오물 감상실 운영업   나. 뉴스제공업
    다. 블록체인 기반 암호화자산 매매 및 중개업

9. 금융 및 보험업 중 대통령령으로 정하는 정보통신을 활용하여 금융서비스를 제공하
   는 업종

10. 전문, 과학 및 기술 서비스업[대통령령으로 정하는 엔지니어링사업(이하 "엔지니어
    링 사업"이라 한다)을 포함한다]. 다만, 다음 각 목의 어느 하나에 해당하는 업종은
    제외한다.
    가. 변호사업   나. 변리사업
    다. 법무사업   라. 공인회계사업
    마. 세무사업   바. 수의업
    사. 「행정사법」 제14조에 따라 설치된 사무소를 운영하는 사업
    아. 「건축사법」 제23조에 따라 신고된 건축사사무소를 운영하는 사업

11. 사업시설 관리, 사업 지원 및 임대 서비스업 중 다음 각 목의 어느 하나에 해당하는
    업종
    가. 사업시설 관리 및 조경 서비스업
    나. 사업 지원 서비스업(고용 알선업 및 인력 공급업은 농업노동자 공급업을 포함한다.)

12. 사회복지 서비스업

13. 예술, 스포츠 및 여가관련 서비스업. 다만, 다음 각 목의 어느 하나에 해당하는 업종은 제외한다.
    가. 자영예술가　　　　　　　　　나. 오락장 운영업
    다. 수상오락 서비스업　　　　　　라. 사행시설 관리 및 운영업
    마. 그 외 기타 오락 관련 서비스업

14. 협회 및 단체, 수리 및 기타 개인 서비스업 중 다음 각 목의 어느 하나에 해당하는 업종
    가. 개인 및 소비용품 수리업　　　나. 이용 및 미용업

15. 「학원의 설립·운영 및 과외교습에 관한 법률」에 따른 직업기술 분야를 교습하는 학원을 운영하는 사업 또는 「국민 평생 직업능력 개발법」에 따른 직업능력 개발 훈련시설을 운영하는 사업(직업능력개발훈련을 주된 사업으로 하는 경우로 한정한다.)

16. 「관광진흥법」에 따른 관광숙박업, 국제회의업, 유원시설업 및 대통령령으로 정하는 관광객 이용시설업

17. 「노인복지법」에 따른 노인복지시설을 운영하는 사업

18. 「전시산업발전법」에 따른 전시산업

자금난을 겪는 자녀 법인에 증여세 없이 21억 원까지 무상으로 빌려줄 수 있나요?

자산가인 홍길동은 최근 자금난에 빠진 자녀의 법인을 도와주고 싶다. 이때 21억 원까지는 이자를 받지 않고 빌려줘도 증여세가 발생하지 않는다는 말에 좋은 방법이라고 생각했으나, 한편으로는 의심이 간다. 정말로 이런 규정이 있는가?

특정 법인에게 무상으로 자금을 빌려줬을 경우 증여세가 발생하지 않는 법적 근거는 다음과 같다. 앞에서 공부한 특정 법인을 활용한 차등배당 시 증여세가 발생하지 않는 요건과 같은 법조문이다.

○ **상속세 및 증여세법 제45조의5(특정법인과의 거래를 통한 이익의 증여 의제)**

① 지배주주와 그 친족(이하 이 조에서 "지배주주 등"이라 한다)이 직접 또는 간접으로 보유하는 주식 보유비율이 100분의 30 이상인 법인(이하 이 조 및 제68조에서 "특정법인"이라 한다)이 지배주주의 특수관계인과 다음

각 호에 따른 거래를 하는 경우에는 거래한 날을 증여일로 하여 그 특정 법인의 이익에 특정 법인의 지배주주 등이 직접 또는 간접으로 보유하는 주식 보유비율을 곱하여 계산한 금액을 그 특정 법인의 지배주 등이 증여받은 것으로 본다.

1. 재산 또는 용역을 무상으로 제공받는 것
2. 재산 또는 용역을 통상적인 거래 관행에 비추어 볼 때 현저히 낮은 대가로 양도 · 제공받는 것
3. 재산 또는 용역을 통상적인 거래 관행에 비추어 볼 때 현저히 높은 대가로 양도 · 제공하는 것
4. 그 밖에 제1호부터 제3호까지의 거래와 유사한 거래로서 대통령령으로 정하는 것

② 제1항에 따른 증여세액이 지배주주 등이 직접 증여받은 경우의 증여세 상당액에서 특정 법인이 부담한 법인세 상당액을 차감한 금액을 초과하는 경우 그 초과액은 없는 것으로 본다.

③ 제1항에 따른 지배주주의 판정 방법, 증여일의 판단, 특정 법인의 이익의 계산, 현저히 낮은 대가와 현저히 높은 대가의 범위, 제2항에 따른 초과액의 계산 및 그 밖에 필요한 사항은 대통령령으로 정한다.

○ **상속세법 증여세법 시행령 제34조의5(특정법인과의 거래를 통한 이익의 증여 의제)**

⑤ 법 제45조의5제1항을 적용할 때 특정 법인의 주주 등이 증여받은 것으로 보는 경우는 같은 항에 따른 증여의제 이익이 **1억 원 이상인 경우로 한정한다.**

따라서 홍길동 씨가 자녀의 법인에 21억 원을 빌려주면 현재 당좌이율 4.6%에 해당하는 9,660만 원의 이자를 받아야 한다. 하지만 이를 받지 않아도 증여세가 발생하지 않는다. 그 이유는 자녀 법인이 상환하지 않은 이자 금액이 1억 원 미만이기 때문이다.

만약 21억 원을 은행에서 차입했다면 자녀 법인은 원금과 이자 상환에 부담을 갖게 되지만, 특수관계인에게 차입했기 때문에 이자를 상환하지 않고 원금 21억 원만 상환하면 되는 이익이 있다.

자금 무상 대여의 이익을 대출과 비교

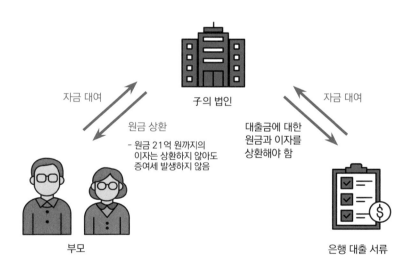

함께 일하고 있는 자녀에게 가업을 물려주고 싶은데 무엇을 준비해야 하나요?

중소기업을 경영하고 있는 홍길동 씨는 자녀 2명 중 누구에게 기업을 물려줘야 할지, 그리고 기업을 물려받지 못한 다른 자녀에게는 어떻게 할지에 대한 고민이 최근 늘었다. 당신이 경영컨설턴트라면 어떻게 조언하겠는가?

먼저 홍길동 씨가 해야 할 일을 큰 틀에서 생각해 보면, 우선 자녀 중 기업 경영에 적합한 자녀를 후계자로 선정한다. 그리고 그 자녀가 경영 수업을 받아 기업을 승계한 후 경영할 수 있도록 역량을 높여 줘야 한다. 또한 기업을 물려받지 못한 자녀에게는 다른 자산을 준비해 줘서 형평을 맞춰야 한다. 이 과정에서 발생할 수 있는 증여세 또는 상속세를 절세할 수 있는 방법을 찾는 것이 순서이다.

많은 창업자가 자녀들에게 비슷한 지분을 물려주고, 공동으로 사업을 경영하기를 희망하는 경우가 있는데, 현실에서는 비극적인 상황이 발생하는 경우가 많다. 속담에 '사공이 많으면 배가 산으로 가고, 산에 호랑이는 한 마리만 있어야 한다'라는 말이 있다. 자녀들에게 공동 경영을 기대하고 비슷한 지분을 줄 경우에는 결국 형제간에 경영권 다툼이 발생하는 경우가 많이 있다.

기업을 물려받지 못한 자녀에게는 앞에서 본 창업자금 증여세 과세특례를 활용한 창업자금 증여를 통해 독자적인 사업을 할 수 있도록 지원하거나 부동산 등을 물려줌으로써 자녀들이 물려받은 자산의 형평이 맞아야 향후 유류분 분쟁 등 자산(기업 포함) 이전 시 발생할 수 있는 형제간의 다툼을 미리 예방할 수 있다.

역사를 보면 한 나라를 창업하는 것은 어려우나, 그것을 지키는 것이 더 어렵다고 하는데, 기업도 마찬가지다. 때문에 기업을 물려 주기 위해서는 미리미리 많은 준비를 해야 한다.

가업의 승계를 위해 창업자가 해야 할 일

후계자 선정

가업 승계

절세 전략   유류분 고려

자녀에게 경영 수업을 하면서 가업을 증여하고 싶은데, 세금을 절세할 수 있는 방법은 무엇이 있나요?

중소기업을 경영하고 있는 홍길동 씨는 가업 승계를 하면 증여세를 조금 납부하면서 사업을 자녀들에게 물려줄 수 있다는 말을 듣고 자녀에게 가업 승계를 하기로 마음먹고 기장 세무사와 상의하던 중 불가능하다는 말을 들었다. 왜 그럴까?

　홍길동 씨가 들은 제도가 「조세특례제한법」상의 가업 승계를 위한 증여세 과세특례 규정이다.

　이 제도는 가업 승계를 목적으로 60세 이상의 부모가 18세 이상의 거주자인 자녀에게 지분을 증여했을 경우 증여세를 절감해 주는 제도이다. 이 특례 규정이 적용되면 최대 600억 원까지 증여할 수 있으며, 증여받은 자녀는 증여받은 지분 가치 중 10억 원을 공제한 나머지 부분에 대해 120억 원까지는 증여세율 10%, 120억 원 초과분에 대해서는 증여세율 20%를 적용한 증여세를 납부하면 된다. 때문에 일반 증여보다 증여세가 상당히 많이 감소한다.

예를 들어 일반 증여로 50억 원을 증여하면 [(50억 원−5,000만 원)×50%−4억 6,000만 원(증여공제)=20억 1,500만 원]의 증여세를 납부해야 한다. 하지만 증여세 과세특례를 활용한 증여를 하면 [(50억 원−10억 원)×10%=4억 원]의 증여세만 납부하기 때문에 납부할 세액이 16억 1,500만 원으로 차이가 크다.

가업 승계를 위한 증여세 과세특례의 적용을 받기 위해서는 다음 요건을 충족해야 한다.

첫째, 법인사업자만 대상이기 때문에 부모님이 개인사업자로 사업하고 있는 경우에는 이 제도를 활용할 수 없다.

둘째, 가업용 자산의 가치에 대해서만 적용이 된다. 만약 부친이 증여해 준 법인의 지분 가치가 100억 원인데, 이 중 가업용 기업 가치가 70억 원, 비가업용 기업 가치가 30억 원일 경우 세금을 계산해 보자.

가업용 기업 가치인 70억 원에 대해서는 특례가 적용되어 [(70억 원−10억 원)×10%=6억 원]의 증여세, 비가업용 기업 가치의 30억 원에 대해선 일반 증여에 해당하여 [(30억 원−5,000만 원)×40%−1억 6,000만 원(누진공제)=10억 2,000만 원]의 증여세를 납부해야 한다.

여기서 중요한 것은 법인의 자산 중 가업용 자산과 비가업용 자산을 구분하는 것이다. 일반적으로 가업용 자산에 해당하지 않는

가업 승계를 위한 증여세 과세특례

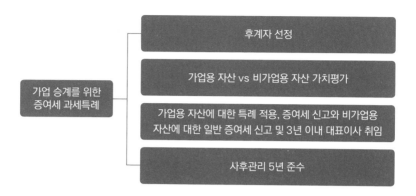

자산에는 ① 비사업용 토지 등, ② 업무와 관련 없는 자산이나 임대 부동산(임대 준 공장건물 등), ③ 타인에 대여한 금액(가지급금이 대표적), ④ 5개 사업 연도 말 평균 금액의 200% 초과해 보유하고 있는 현금, ⑤ 영업활동과 직접 관련 없이 보유한 주식·채권·금융상품 등이 해당한다.

가업 승계 업무를 실행해 주는 세무사들의 의견을 들어보면 비가업용 자산의 비율이 약 20~30% 정도 된다고 하니, 가업 승계를 위한 증여세 과세특례를 활용하더라도 예상치 못한 증여세가 발생할 수 있다.

셋째, 증여자의 요건으로는 최대 주주이며, 10년 이상 법인을 경영한 중소기업 CEO가 지분을 40%(상장기업 20%)를 10년 이상 보유하고 있어야 가능하다. 배우자에게 증여받은 주식의 보유 기간이 10년 미만이더라도 최대 주주의 다른 주식의 보유 기간이 10년 이상인 경우에는 요건을 충족한다(2022년 국세청 해석 변경).

넷째, 2인 이상이 동시에 가업 승계를 위한 증여세 과세특례를 통해 법인 주식을 증여받았을 경우에는 1인이 증여받은 것으로 세액 계산을 한 후 증여재산의 비율에 따라 세금을 납부한다.

예를 들어 법인을 경영하는 부친 甲이 보유 주식을 2024년 1월 1일에 자녀 A에게 50억 원, 자녀 B에게 30억 원을 특례를 통해 증여했을 경우 증여세는 [(80억 원−10억 원)×10%=7억 원]이다. 이를 A와 B가 증여받은 재산 비율로 안분하면 A는 4억 3,750만 원, B는 2억 6,250만 원을 납부하면 된다.

다섯째, 2인 이상이 순차적으로 가업승계를 위한 증여세 과세특례를 통해 법인 주식을 증여받았을 경우엔 합산해서 증여세를 계산한 후 세액공제를 해 주는 방식으로 세금을 납부한다.

예를 들어 법인을 경영하는 부친 甲이 보유 주식을 2024년 1월 1일에 자녀 A에게 50억 원, 2024년 7월 1일에 자녀 B에게 30억 원을 특례를 통해 증여한 경우 증여세를 계산해보자.

먼저 A의 증여세는 [(50억 원−10억 원)×10%=4억 원]이고, B의 증여세는 [(50억 원(A가 증여 받은 주식 가액)+30억 원−10억 원)× 10%−4억 원(A가 납부한 증여세)=3억 원]을 납부하면 된다.

여섯째, 가업 승계에 해당하는 업종인지를 파악하는데, 가능 업종은 별도로 첨부했다.

일곱째, 가업 승계를 위한 증여세 과세특례를 신청한 후 지분을 증여해 준 부모님의 상속이 발생했을 경우 추가적으로 가업상속공제를 받을 수 있어 세금 부담을 상당히 줄일 수 있다. 가업상속공제에 대해서는 뒤에서 자세히 알아보도록 하자.

06

가업 승계를 위해 증여했을 때 덜 낸 세금을 추징당하는 경우가 있나요?

중소기업을 경영하고 있는 홍길동 씨는 가업승계를 하면 증여세가 많지 않다는 것을 알고 있다. 하지만 사후관리 기간 때문에 머뭇거리고 있다. 사후관리 요건은 어떻게 되는가?

가업 승계를 했을 때 많은 세금을 줄여 주는 것은 가업 승계가 국가 경제에 많은 도움이 되기 때문에 주는 혜택이다. 그런데 혜택만 받고, 가업을 승계하지 않게 된다면 기대했던 국가 경제에 도움이 안 되기 때문에 덜 낸 세금과 이자 상당액을 추징하게 된다.

사후관리는 다음과 같이 이루어진다.

첫째, 가업 승계를 위한 증여세 과세특례를 신고한 후 5년 동안 대분류 내에서의 업종 변경만 가능하고, 증여받은 지분을 유지해야 한다.

둘째, 가업 승계를 목적으로 지분을 증여받은 자가 3년 이내에 대표이사에 취임해야 한다. 그리고 취임 후 5년 이내 대표이사직을 상실하거나, 5년 이내 1년 이상 휴업·폐업을 하면 안 된다.

그리고 주의해야 할 부분이 있다.

일반증여의 경우에는 증여받고 10년이 경과한 후 증여해 준 부모님의 상속이 발생하면 부모님의 상속재산에 과거 증여재산이 포함되지 않아 상속세를 줄일 수 있다. 그러나 가업 승계를 위한 증여세 과세특례를 통해 증여받은 재산은 기간 경과와 관계 없이 무조건 상속재산에 합산된다는 단점이 있다. 이 부분은 창업자금 증여세 과세특례의 단점과 같다.

이 부분이 단점인 이유는 가업 승계를 위한 증여세 과세특례를 통해 증여받은 자녀들이 가업을 잘 유지하면서 사업을 하던 중 지분을 증여해 준 부모님이 사망한다면 그때 추가로 가업상속공제를 신청해 상속세를 대폭 줄일 수 있다. 그리고 사업이 잘되니 상속 재산에 포함되어 상속세를 납부해야 할 상황이 되더라도 충분히 납부할 수 있을 것이다.

하지만 자녀들의 상황이 좋지 않거나, 승계받은 기업이 도산했더라도 상속세를 납부해야 한다. 결국에는 과거 증여세를 덜 납부한 것이 자녀들의 발목을 잡을 수도 있는 상황이 발생할 수 있다는 것이다.

그리고 자녀의 입장에서는 가업 승계를 위한 증여세 과세특례와 창업자금 증여세 과세특례 중 하나만 선택할 수 있다.

07

가업 승계를 위한 증여세 과세특례를 활용할 경우 세금을 더 줄일 수 있는 방법은 없나요?

CASE

중소기업을 경영하고 있는 홍길동 씨는 가업 승계를 하면 증여세가 많지 않다는 것을 알고 있다. 하지만 기업 가치가 높아 상당히 많은 증여세가 발생할 것으로 예상되는데, 이 세금을 합법적으로 줄일 수 있는 방법을 고민하고 있다. 어떤 방법이 있을까?

증여세를 절세할 수 있는 가장 좋은 방법은 증여재산의 가치가 낮을 때 증여하는 것인데, 대표적으로 자산의 가치 상승이 예상되는 부동산을 증여하는 것이다. 그런데 가치가 이미 많이 상승해 있다면 가치를 하락시키는 것을 생각해 볼 수 있다. 부동산의 경우에는 이런 방법이 어렵지만, 비상장 법인의 경우에는 가능하다.

이는 앞에서 공부한 비상장 법인의 기업 가치평가 방법을 활용하면 되는데, 비상장 법인의 기업 가치는 순이익 가치와 순자산 가치를 6:4의 비율로 가중평균을 해 평가한다. 순이익 가치는 '직전 3개 연도의 당기순이익에 직전 1년:직전 2년:직전 3년=3:2:1'의 비율로 가중치를 적용해 계산하고, 순자산가치는 직전 1년의 자본총계를 기준으로 계산한다. 따라서 가업 승계를 위한 증여세 과세특례를 활용하고자 한다면 최소 3년 전부터 이익을 줄이고, 배당 등을 통해 법인의 자산을 축소하는 방법을 함께 실행할 필요가 있다.

이익을 줄이기 위해 할 수 있는 방법은 앞에서 공부한 부분 중 임원의 급여 인상과 경영인 정기보험 가입을 생각해 볼 수 있으며, 자산을 축소하는 방법으로는 이익소각을 실행하면 된다. 그리고 이익을 줄이면서 동시에 자산도 축소할 수 있는 방법이 함께 일하고 있는 가족 임원의 퇴직금 지급이다.

특히 임원의 퇴직금은 비용처리가 되어 이익의 감소와 지급한 퇴직금은 법인의 자산을 축소시키는 효과가 동시에 발생하기 때문에 기업 가치를 상당히 크게 하락시킬 수 있다.

가업 승계를 위한 증여세 과세특례 실행을 위한 프로세스

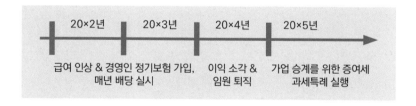

창업주가 갑자기 사망해 많은 상속세가 예상되는데, 세금을 줄일 수 있나요?

제조업을 하는 중소기업을 오랫동안 건실하게 경영하던 홍길동 씨가 갑자기 사망했다. 유족으로는 배우자와 자녀로 남매가 있으며, 배우자와 아들은 회사 일에 참여하고 있다. 회사는 제조업 특성상 많은 시설투자를 위해 은행 차입금도 꽤 많으며, 기업 가치는 상당히 높다.

유족은 이 회사를 물려받자니 많은 상속세와 부채 상환이 부담이다. 이 경우 상속세를 줄일 수 있는 방법은 무엇인가?

이 경우 활용할 수 있는 제도가 가업상속공제이다. 상속이 발생하면 사망한 자의 재산을 모두 합산한 후 상속세를 계산하고 신고 납부하는데, 가업상속공제는 상속재산 중 가업과 관련된 부분의 재산에 대해서는 공제해 주는 제도이다. 공제하는 만큼 상속세가 감소하게 되는 제도이다.

가업상속공제를 신청하기 위해서는 다음의 요건을 갖춰야 한다.

첫째, 사망한 피상속인이 10년 이상 계속해서 경영한 중소기업과 중견기업(직전 3년 평균매출액 5,000억 원 미만)이며, 개인 기업과 법인 기업 모두 가능하다. 가업 승계를 위한 증여세 과세특례는 법인 기업만 해당하지만, 가업상속공제는 개인 기업도 해당하기 때문에 대상이 더 넓다.

둘째, 피상속인을 포함한 최대 주주 등의 지분율 40%(상장법인은 20%) 이상을 10년 이상 계속 보유하고 있어야 하며, 대표이사로 재직한 기간과 관련된 요건도 있다. 그건 가업 영위 기간의 50% 이상 재직하거나, 10년 이상의 기간 동안 재직하거나, 상속 개시일로부터 소급해 10년 중 5년 이상 대표이사로 재직해야 한다.

셋째, 가업을 물려받은 상속인은 18세 이상이어야 하고, 상속 개시일 전 2년 이상 가업에 종사하고 있어야 한다. 예외적으로 피상속인이 65세 이전에 사망하거나, 천재지변 및 인재 등으로 사망한 경우에는 상속 개시 전 2년 이상 재직하지 않았더라도 가업상속공제를 받을 수 있다.

넷째, 가업을 승계한 자가 상속세 신고 기한(상속이 발생한 달의 말일로부터 6개월 이내)까지 임원에 취임하고, 신고 기한으로부터 2년 이내 대표이사로 취임해야 한다. 만약 자녀가 경영 능력이 없는 경우에는 며느리나 사위 등 상속인의 배우자가 요건을 충족할 경우 동등하게 가업상속공제 혜택을 받을 수 있다.

다섯째, 가업 승계 대상 업종이어야 하고, 상속재산 중 가업용 자산에 대해서만 공제해 준다. 앞에서 공부한 가업 승계를 위한 증여세 과세특례에서 본 것처럼 가업용 자산과 비가업용 자산을 구분해 가업용 자산의 가치에 대해서만 적용된다.

09

가업상속공제 시 사업과 무관한 자산이 있으면 혜택이 감소하나요?

제조업을 하는 중소기업을 오랫동안 건실하게 경영하던 홍길동 씨가 갑자기 사망했다. 유족들은 큰아들이 몇 년 전부터 회사에서 일하며 가업 승계를 생각하고 있었기 때문에 상속세 관련된 부분은 가업상속공제를 신청하면 상속세가 없을 것으로 예상하고 있었는데, 상속세 신고 과정에서 가업상속공제를 신청해도 많은 상속세가 발생한다는 말을 들었다. 왜 그럴까?

이 부분을 이해하기 위해서는 우선 가업상속재산에 대해 알아야 하는데, 그 범위는 개인 사업체와 법인 사업체의 기준이 다르다.

개인 사업체는 가업에 직접 사용되는 토지, 건축물, 기계장치 등 사업용 자산의 가액에서 해당 자산에 담보된 채무액을 뺀 가액이다.

법인 사업체는 [법인 주식가액×(1 – 법인의 총자산 중 사업 무관 자산이 차지하는 비율)]로 산출한다. 사업 무관 자산은 다음과 같다.

① 임대주택 등을 제외한 주택 및 비사업용 토지

② 업무와 관련이 없는 자산 및 타인에게 임대하고 있는 부동산

③ 금전소비대차 등에 의하여 타인에게 대여한 금액

④ 과다 보유 현금(상속개시일 직전 5개 사업연도 말 평균 현금보유액의 200% 초과분)

⑤ 법인의 영업활동과 직접 관련이 없이 보유하고 있는 주식, 채권 및 금융상품

사업 무관 자산에서 주의할 부분이 법인이 보유하고 공장 중 일부를 임대하고 있거나, 임대용 상가를 보유하고 있다면 그 부동산은 가업상속재산에 포함되지 않는다는 것이다. 이를 더 넓게 생각해 보면 부동산 임대업 전체로 생각해 봐도 결과는 마찬가지다. 즉 부동산 임대업을 주로 하는 법인은 가업상속공제를 받을 수 없다는 것이다.

그리고 대여금과 관련된 부분도 주의해야 하는데, 대여금의 대표적인 것이 가지급금이다. 가지급금이 많은 법인의 경우 전체 자산 중 가지급금이 차지하는 비율에 대해서는 가업상속공제를 받을 수 없어 상속세를 납부해야 한다.

마지막으로 법인에서 가입한 금융상품 중 자산으로 회계 처리되는 투자 목적 주식과 채권, 그리고 연금보험이나 종신보험의 경우에는 사업 무관 자산에 해당한다. 따라서 법인에서 지나치게 많은 금액을 이 부분에 투자하고 있는 경우에는 사업 무관 자산이 증가해 가업상속공제의 혜택이 감소하게 된다.

사업 기간에 따라 가업상속공제 가능 금액이 다른가요?

그럼, 가업상속공제를 받으면 어느 정도의 혜택이 있을까?

가업 상속 재산의 100%까지 공제가 가능하고, 가업을 영위한 기간에 따라 공제 금액의 한도가 있다. 가업 영위 기간이 10년 이상이면 300억 원까지, 20년 이상이면 400억 원까지, 30년 이상이면 600억 원 이상까지 공제가 가능해 상속세를 절세할 수 있다.

배우자와 자녀 2명이 있는 상태에서 상속이 발생한 상황을 가정해 세금을 비교해 보자. 만약 상속재산이 100억 원인데 전체를 가업상속공제를 받을 수 있다면 상속세가 없다. 그러나 가업상속공제를 받을 수 없다면 [(100억 원-*35억 원)×50%-4억 6,000만 원=27억 9,000만 원]의 상속세를 납부해야 하기 때문에 그 혜택의 크기를 짐작할 수 있다.

절세 효과가 큰 만큼 사후관리 요건도 철저히 지켜야 한다.

* 　　일괄공제 5억 원 , 배우자 공제 30억 원 적용 가정

가업상속공제 혜택을 받은 후
세금을 추징당하는 경우도 있나요?

3년 전 가업을 영위하던 부친이 사망해 가업상속공제를 통해 가업 승계를 한 홍길동은 국세청으로부터 3년 전 신청했던 가업상속공제를 취소하고, 일반 상속으로 간주해 상속세와 이자 상당분의 가산세를 납부하라는 통지를 받았다. 어떻게 된 일일까?

가업상속공제를 통해 많은 상속세를 줄여 주는 이유는 가업 승계를 위한 증여세 과세특례와 같은 이유이다. 즉 정상적인 가업 승계를 통해 가업을 계속 경영해 지속적인 고용 창출과 경제 발전에 기여하기를 기대하기 때문이다. 그런데 이런 기대를 충족시키지 못할 경우에는 줄여 줬던 세금과 가산세를 추징하는데, 이런 과정을 사후관리라고 한다.

사후관리 요건을 살펴보면 상속 개시일로부터 5년 이내에 정당한 사유 없이 다음의 어느 하나에 해당된다면 가업 승계를 하지 않은 것으로 보고 세금을 추징한다.

첫째, 해당 가업용 자산의 40% 이상을 처분한 경우이다(예외적으로 업종 변경 등에 따른 변경 업종 자산을 취득한 경우엔 인정된다).

둘째, 해당 상속인이 가업에 종사하지 않는 경우이다. 가업에 종사하지 않는다는 것은 상속인이 대표이사로 종사하지 않는 경우, 가업의 주된 업종을 변경하는 경우(표준산업 분류상 대분류 범위 내 업종 변경은 허용), 당해 가업을 1년 이상 휴업(실적이 없는 경우도 포함)하거나 폐업하는 경우가 해당한다.

셋째, 상속인의 지분이 감소한 경우이다. 이 경우에도 상속세 납부를 위해 상속받은 주식으로 물납을 해 지분이 감소했지만, 최대주주 또는 최대 출자자에 해당한다면 인정된다.

넷째, 상속 후 5년간 정규직 근로자 평균 인원 혹은 총급여액의 평균이 기준연도 90% 이상 유지해야 한다. 기준연도 인원은 상속이 개시된 사업연도의 직전 2개 사업연도의 정규직 근로자 수의 평균을 말한다.

다섯째, 피상속인·상속인이 상속 기업의 탈세 또는 회계 부정으로 형사처벌을 받은 경우로서 다음의 요건을 모두 충족하면 공제를 배제한다. ① 상속 대상 기업의 경영과 관련하여, ② 상속 개시 10년 전부터 사후관리 기간(총 15년)까지의 탈세·회계 부정으로, ③ 피상속인 또는 상속인이 처벌받은 경우로서, ④ 징역형 또는 일정 기준 이상의 벌금형이 확정된 경우이다.

특히 피상속인이 이 다섯째 사항에 해당한다면 가업상속공제를 신청할 수도 없기 때문에 가업 승계를 생각하는 법인 CEO의 경우엔 탈세·회계 부정이 발생하지 않도록 주의해야 한다.

12

농업, 임업, 어업, 축산업도
가업상속공제를 받을 수 있나요?

CASE

대규모 양돈 농장을 운영하고 있는 홍길동은 미래에 부친의 농장을 승계받을 예정이다. 그런데 이 과정에서 세금이 걱정되는데, 주변에서 가업 승계를 받으면 세금이 없다는 말을 듣고 상속세 등에 대해서는 준비하고 있지 않았다. 그런데 갑자기 부친이 사망해 상속세를 신고하는 과정에서 가업상속공제 대상이 아니기 때문에 많은 상속세를 납부해야 한다는 말을 듣고 충격에 빠졌다. 왜 가업상속공제가 안 되는 것일까?

농업, 임업, 어업, 축산업 중 가업상속공제가 가능한 업종은 작물재배업(표준산업분류상 011) 중 종자 및 묘목생산업(01123)을 영위하는 기업으로서 일정 요건을 충족해야만 가능하다. 그 외의 업종은 가업 승계가 아닌 영농상속공제를 받아야 한다.

영농상속공제는 피상속인이 농업, 임업, 어업, 축산업을 주된 업종으로 영위한 경우로서 영농상속 재산을 상속인 중 영농에 종사하는 상속인이 상속받을 경우에 상속세 과세가액에서 영농상속 재산가액 30억 원을 한도로 공제해 주는 제도이다. 다만, 피상속인 또는 상속인이 탈세, 회계 부정으로 징역형, 벌금형을 받은 경우에는 가업상속공제와 마찬가지로 영농상속공제를 받을 수 없다.

영농상속공제 요건은 다음과 같다.

첫째, 소득세법을 적용받는 경우엔 피상속인이 상속 개시일 8년 전부터 계속하여 재촌(농지 등의 소재지와 동일한 시·군·자치구 거주 또는 그와 연접한 시·군·자치구 또는 직전 거리 30km 이내 지역 거주)하면서 직접 영농에 종사해야 한다.

그리고 상속인은 다음의 요건을 모두 충족한 자와 영농·영어 및 임업 후계자이어야 한다.

① 상속개시일 현재 18세 이상인 자로서 상속개시일 2년 전부터 계속하여 직접 영농에 종사해야 한다.

② 피상속인 요건에서 규정하는 지역에 거주해야 한다.

둘째, 법인세법을 적용받는 경우 피상속인이 상속 개시일 8년 전부터 해당 기업을 직접 경영하고, 최대 주주이며 특수관계인의 주식을 합하여 발행주식 총수의 50% 이상을 계속하여 보유하고 있어야 한다.

그리고 상속인은 다음의 요건을 모두 충족한 자와 영농·영어 및 임업후계자이어야 한다.

① 상속개시일 현재 18세 이상인 자로서 상속개시일 2년 전부터 계속하여 직접 영농에 종사해야 한다.

② 상속세 과세표준 신고기한(상속이 발생한 달의 말일로부터 6개

상속세 공제 요건

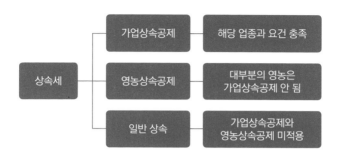

월)까지 임원으로 취임하고, 신고기한으로부터 2년 이내에 대표이사로 취임해야 한다.

셋째, 영농상속공제를 적용받은 후 상속 개시일로부터 5년 이내에 정당한 사유 없이 공제받은 재산을 처분하거나 영농에 종사하지 않는 경우에는 당초 공제받은 금액을 상속 개시 당시의 과세가액에 산입하여 상속세를 부과한다.

상속세 계산 프로세스

	총상속재산가액	• 본래의 상속재산(사망 또는 유증·사인증여로 취득한 재산) • 간주상속재산(보험금·신탁재산·퇴직금 등) • 추정상속재산-피상속인이 사망 전 1년(2년) 이내에 2억(5억) 원 이상 처분한 자산 또는 부담한 채무로써 용도가 불분명한 금액
−	비과세 및 과세가액 불산입액	• 비과세 재산(국가·지자체에 유증한 재산, 금양임야, 문화재 등) 과세가액 불산입액(공익법인 등의 출연재산, 공익신탁재산)
−	공과금, 장례비용, 채무	
+	사전증여재산가액	• 피상속인이 상속개시일 전 10년 이내에 상속인에게 증여한 재산가액 및 5년 이내에 상속인이 아닌 자에게 증여한 재산가액(단, 증여세 특례 세율 적용 대상인 창업자금 및 가업 승계 주식은 기간에 관계 없이 합산)
=	상속세과세가액	
−	상속공제	• (기초공제+그 밖의 인적공제)와 일괄공제(5억 원) 중 큰 금액 • 가업(영농) 상속공제·배우자 상속공제·금융재산 상속공제·재해손실공 제·동거 주택 상속공제 　- 단, 위 합계 중 공제 적용 종합 한도 내 금액만 공제 가능
−	감정평가 수수료	• 부동산 감정평가법인의 수수료 등
=	상속세 과세표준	

	세 율	과세표준	1억 원 이하	5억 원 이하	10억 원 이하	30억 원 이하	30억 원 초과
×		세 율	10%	20%	30%	40%	50%
		누진공제		1,000만 원	6,000만 원	1억 6,000만 원	4억 6,000만 원

=	산출세액	
+	세대생략 할증과세액	• 상속인이나 수유자가 피상속인의 직계비속이 아닌 상속인의 직계비속 이면 30% 할증(단, 미성년자가 20억 초과하여 상속받은 경우 40% 할증) 　- 직계비속 사망 시 예외
−	세액공제	• 신고세액 공제·증여세액 공제·단기재 상속세액 공제·외국 납부세액 공제·문화재 자료 징수유예세액
+	신고납부불성실 가산세 등	
−	연부연납·물납·분납	
=	납부할 상속세액	

가업 승계 가능 업종

표준산업분류상기준	가업 해당 업종
가. 농업,임업 및 어업 (01~03)	작물재배업(011) 중 종자 및 묘목업(01123)을 영위하는 기업으로서 다음의 계산식에 따라 계산한 비율이 100분의 50 미만인 경우 [제15조제7항에 따른 가업용 자산 중 토지(『공간정보의 구축 및 관리 등에 관한 법률』에 따라 지적공부에 등록해야 할 지목에 해당하는 것을 말한다) 및 건물(건물에 부속된 시설물과 구축물을 포함한다)의 자산의 가액] ÷(제15조제7항에 따른 가업용 자산의 가액)
나. 광업(05~08)	광업 전체
다. 제조업(10~33)	제조업 전체. 이 경우 자기가 제품을 직접 제조하지 않고 제조업체(사업장이 국내 또는 『개성공단지구 지원에 관한 법률』 제2조제1호에 따른 개성공단 지구에 소재하는 업체에 한정한다)에 의뢰하여 제조하는 사업으로서 그 사업이 다음의 요건을 모두 충족하는 경우를 포함한다. 1) 생산할 제품을 직접 기획(고안·디자인 및 견본제작 등을 말한다)할 것 2) 해당 제품을 자기 명의로 제조할 것 3) 해당 제품을 인수하여 자기 책임하에 직접 판매할 것
라. 하수 및 폐기물 처리, 원료 재생, 환경정화 및 복원업(37~39)	하수·폐기물 처리 (재활용을 포함한다). 원료 재생, 환경 정화 및 복원업 전체
마. 건설업(41~42)	건설업 전체
바. 도매 및 소매업 (45~47)	도매 및 소매업 전체
사. 운수업(49~52)	여객운송업 [육상운송 및 파이프라인 운송업(49), 수상 운송업(50), 항공 운송업(51), 중 여객을 운송하는 경우]
아. 숙박 및 음식점업 (55~56)	음식점 및 주점업(56) 중 음식점업(561)
자. 정보통신업 (58~63)	출판업(58) 영상,오디오 기록물 제작 및 배급업(59). 다만, 비디오물 감상실 운영업(59124)은 제외한다. 방송업(60) 우편 및 통신업(61) 중 전기통신업(612) 컴퓨터 프로그래밍, 시스템 통합 및 관리업(62) 정보서비스업(63)

차. 전문, 과학 및 기술 서비스업 (70~73)	연구개발업(70)
	전문서입스업(71) 중 광고업(713), 시장조사 및 여론조사업(714)
	건축기술, 엔지니어링 및 기타 과학기술 서비스업(72) 중 기타 과학기술서비스업(729)
	기타 전문, 과학 및 기술 서비스업(73) 중 전문디자인업(732)
카. 사업시설관리 및 사업지원 서비스업 (74~75)	사업시설 관리 및 조경 서비스업(74) 중 건물 및 산업설비 청소업(7421), 소독, 구충 및 방제 서비스업(7422). 사업지원 서비스업(75) 중 고용알선 및 인력 공급업(751. 농업노동자 공급업을 포함한다). 경비 및 경 서비스업(7531), 보안시스템 서비스업(7532). 콜센터 및 텔레마케팅 서비스업(75991), 전시, 컨벤션 및 행사 대행업(75992). 포장 및 충전업(75994)
타. 임대업(76) : 부동산 제외	무형재산권 임대업(765,「지식재산기본법」제3조제1호에 따른 지식재산을 임대하는 경우로 한정한다)
파. 교육서비스업(85)	교육 서비스업(85) 중 유아교육기관(8511), 사회교육시설(8564), 직원훈련기관(8565), 기타 기술 및 직업 훈련 학원(85669)
하. 사회복지 서비스업 (87)	사회복지서비스업 전체
거. 예술. 스포츠 및 여가 관련 서비스업 (90~91)	창작, 예술 및 여가 관련 서비스업(90) 중 창작 및 예술 관련 서비스업(901), 도서관, 사적지 및 유사 여가관련 서비스업(902). 다만, 독서실 운영업(90212)은 제외한다.
너. 협회 및 단체, 수리 및 기타 개인 서비스업(95~96)	기타 개인 서비스업(96) 중 개인 간병인 및 유사 서비스업(96993)

가업 승계 가능 업종

가. 조세특례제한법 제7조제1항제1호 커목에 다른 직업기술 분야 학원

나. 조세특례제한법 시행령 제5조제9항에 따른 엔지니어링 사업

다. 조세특례제한법 시행령 제5조제7항에 따른 물류산업

라. 조세특례제한법 시행령 제6조제1항에 따른 수탁생산업

마. 조세특례제한법 시행령 제54조제1항에 따른 자동차정비공장을 운영하는 사업

바. 해운법에 따른 선박관리업

사. 의료법에 따른 의료기관을 운영하는 사업

아. 관광진흥법에 다른 관광사업(카지노, 관광유흥음식점업 및 외국인전용 유흥음식점업은 제외한다.)

자. 노인복지법에 따른 노인복지시설을 운영하는 사업

차. 법률 제15881호 노인장기요양보험법 부칙 제4조에 따라 재가장기요양기관을 운영하는 사업

카. 전시산업발전업에 따른 전시산업

타. 에너지이용 합리화법 제25조에 따른 에너지절약전문기업이 하는 사업

파. 국민 평생 직업능력 개발법에 따른 직업능력개발훈련시설을 운영하는 사업

하. 도시가스사업법 제2조제4호에 따른 일반도시가스사업

거. 연구산업진흥법 제2조제1호나목의 산업

너. 민간임대주택에 대한 특별법에 따른 주택임대관리업

더. 신에너지 및 재생에너지 개발·이용·보급 촉진법에 따른 신·재생에너지 발전사업

2장

매각

01

매력적인 법인이 매각이 잘 됩니다

 CASE

30년 동안 법인을 경영한 홍길동 씨는 자녀가 가업을 승계하기를 원한다. 하지만 자녀는 자신의 일을 하고 있어 관심이 없고, 가업 승계를 잘 못 하면 나중에 세금이 많이 나온다는 말을 듣고 회사를 매각할 생각을 하고 있다. 이처럼 법인을 매각하려고 할 경우 준비해야 할 것은 무엇일까?

　비상장 법인을 매각한다는 것은 주주가 가지고 있는 주식을 매각하는 것을 의미하는데, 주식도 자산이기 때문에 매각할 경우에는 비싸게 매각하는 것이 합리적이다. 그러기 위해서는 법인의 가치를 최대한 높여 매력적으로 보이는 것이 중요하다. 다음은 법인 가치를 높이는 방법이다.

　첫째, 가지급금 등 인수자가 부담스러워할 부분에 대한 사전 정리를 할 필요가 있다.
　둘째, 보유하고 있는 이익잉여금이 많은 것이 좋은데, 이를 위해선 적절한 급여 정도만 수령하고, 배당은 하지 않는 것이 이익잉여금 증가에 유리하다.

2,000만 원을 초과한 배당금에 대해선 종합과세 되기 때문에 세율이 최고 45%까지 발생할 수 있다. 하지만 비상장 법인 주식의 양도소득에 대해선 20~25%의 세율이 적용되기 때문에 배당소득세보다 세금이 적다.

법인 가치를 높여 매력적으로 만들었다면 법인을 매각하는 과정에서 발생하는 세금을 절세할 수 있는 방법을 고민해야 한다. 비상장 법인의 주식을 매매하는 과정에서 발생하는 차익은 양도소득에 해당하고, 납부할 양도소득세를 계산할 때는 과세표준 3억 원 이하는 20%, 3억 원 초과는 25%의 세율을 적용한다.

그럼 이 과정에서 세금을 절세할 수 있는 방법은 무엇일까?

법인 매각 시 해야 할 일

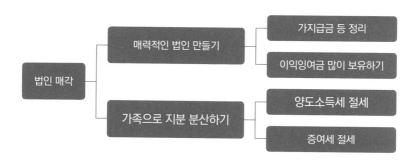

주주가 여러 명이어야 한다. 만약 법인의 매매 차익이 100억 원인 경우 주주가 1명이라면 3억 원에 대해서만 20%의 세율이 적용되고, 97억 원에 대해서는 25%의 세율이 적용된다. 하지만 주주가 4명이고 지분율이 동일하다면 12억 원에 대해 20%의 세율이 적용되고, 88억 원에 대해서는 25%의 세율이 적용되어 세금 차이가 1억 8,000만 원이 된다.

법인을 매각할 때 세금을 줄이기 위해서는 무엇을 해야 하나요?

법인 가치를 높여 매력적으로 만들었다면 법인을 매각하는 과정에서 발생하는 세금을 절세할 수 있는 방법을 고민해야 한다. 비상장 법인의 주식을 매매하는 과정에서 발생하는 차익은 양도소득에 해당하고, 납부할 양도소득세를 계산할 때는 과세표준 3억 원 이하는 20%, 3억 원 초과는 25%의 세율을 적용한다.

그럼 이 과정에서 세금을 절세할 수 있는 방법은 무엇일까?
주주가 여러 명이어야 한다. 만약 법인의 매매 차익이 100억 원인 경우 주주가 1인이라면 3억원에 대해서만 20%의 세율이 적용되고, 97억 원에 대해선 25%의 세율이 적용된다. 하지만 주주가 4명이고 지분율이 동일하다면 12억 원에 대해 20%의 세율이 적용되고 88억 원에 대해선 25%의 세율이 적용되어 세금 차이가 1억 8,000만 원이 된다.

그럼 주주가 여러 명이기 위해서는 무엇을 해야 할까? 기업 가치가 낮을 때 지분을 증여하거나, 불균등 증자 등을 통해 가족의 지분을 충분히 확보할 필요가 있다. 그런데 이 과정에서 증여세가 발생할 수 있다. 하지만 미래 기업 가치가 더 상승한 이후 지분을 증여하거나, 법인 매각 대금을 현금으로 증여하는 것보다는 세금이 적을 수 있다.

자세한 설명을 위해 예를 들어보자.

홍길동은 법인의 현재 주주는 본인 1인이고, 액면가 1억 원, 현 기업 가치 100억 원, 기업 가치 200억 원일 때 매각할 예정이다. 상황별로 세금의 차이를 비교해 보자.

상황 1

가족에게 현시점에서 지분을 증여하고, 기업 가치가 200억 원일 때 매각하는 경우의 세금을 계산해 보자.

가족에게 지분을 25%씩 증여한다면 배우자는 [(25억 원-6억 원)×40%-1억 6,000만 원=6억 원]의 증여세를, 성인 자녀들은 1인당 [(25억 원-5,000만 원)×40%-1억 6,000만 원=8억 2,000만 원]의 증여세를 납부하게 되어 가족이 납부할 증여세가 22억 4,000만 원이다.

그리고 기업 가치가 200억 원인 상황에서 법인을 매각하면 홍길동 씨 가족은 각자 지분 매각 이익에 대한 양도소득세를 납부하는데 약 30억 원 정도이다. 총세금이 약 52억 9,000만 원 발생한다.

선 지분 증여 시 예상 증여세

[단위: 천 원]

구 분	배우자	자녀 1	자녀 2
증여가액	2,500,000	2,500,000	2,500,000
증여공제	600,000	50,000	50,000
과세표준	1,900,000	2,450,000	2,450,000
세 율	40%	40%	40%
산출세액	600,000	820,000	820,000
세금합계	2,240,000		

선 증여 후 매각 시 예상 양도소득세

[단위: 천 원]

구 분	홍길동	배우자	자녀 1	자녀 2
양도가액	5,000,000	5,000,000	5,000,000	5,000,000
취득가액	25,000	2,500,000	2,500,000	2,500,000
양도차익	4,975,000	2,500,000	2,500,000	2,500,000
기본공제	2,500	2,500	2,500	2,500
과세표준	4,972,500	2,497,500	2,497,500	2,497,500
세 율	20~25%			
산출세액	1,228,125	609,375	609,375	609,375
세금합계	3,056,250			

상황 2

매각할 때까지 가족에게 지분을 증여하지 않고 홍길동 씨 1인 주
주인 상황에서 법인을 200억 원에 매각하고, 이후 가족에게 각각

50억 원씩 현금 증여를 하는 경우의 세금을 계산해 보자.

홍길동 씨가 200억 원에 본인의 지분을 모두 매각하면 양도소득세가 약 49억 6,000만 원 발생한다. 이후 가족에게 현금 증여한 부분에 대해 증여세 57억 7,000만 원 발생한다. 총 세금이 107억 원정도 발생한다.

선 매각 시 예상 양도소득세

[단위: 천 원]

	홍길동
양도가액	20,000,000
취득가액	100,000
양도차익	19,900,000
기본공제	2,500
과세표준	19,897,500
세율	20~25%
산출세액	4,959,375

선 매각 후 현금 증여 시 예상 증여세

[단위: 천 원]

구 분	배우자	자녀 1	자녀 2
증여가액	5,000,000	5,000,000	5,000,000
증여공제	600,000	50,000	50,000
과세표준	4,400,000	4,950,000	4,950,000
세율	50%	50%	50%
산출세액	1,740,000	2,015,000	2,015,000
세금합계	5,770,000		

상황 1과 상황 2를 비교하면 세금 부분에서 약 54억 3,000만 원 정도의 차이가 발생하기 때문에 선 지분 증여 후 기업을 매각하는 것이 유리하다.

그리고 자녀의 입장에서도 실질적으로 수령하는 자금에서도 많은 차이가 있다. 상황 1의 선 지분 증여 후 지분 매각한 경우에는 50억 원의 매각 대금 중 양도소득세 약 6억 원 정도를 차감한 약 44억 원이 자녀의 합법적인 자산이 될 수 있다.

그러나 상황 2의 경우엔 50억 원을 현금 증여받으면 증여세 약 20억 원을 차감한 약 30억 원 정도만 자녀의 합법적인 자산이 될 수 있다. 자녀의 경우 약 14억 원의 자금 차이가 발생하게 된다.

자녀들은 이런 매각 자금을 자금 출처로 활용할 수 있는데, 만약 합법적인 자금 출처가 없다면 부동산 등의 취득 자금이나 창업자금 관련해 세무조사를 통해 증여세가 추가적으로 발생할 수 있다.

자금 출처로 인정받을 수 있는 자금은 신고된 소득 중 소득세 상당액을 차감한 소득, 금융기관에서 받은 대출금, 그리고 부모로부터 증여받고 증여 신고한 자금 정도이다. 따라서 법인의 출구 전략을 매각으로 결정한 대표의 경우에도 주식 양도소득세와 증여세 등의 절세를 미리 전략을 세울 필요가 있다.

3장

청산

법인을 청산하고 싶은데
어떻게 하면 되나요?

30년 동안 법인을 경영한 홍길동 씨는 법인을 청산하기로 결정했다. 사업을 물려받겠다는 자녀가 없고, 업종 특성상 제삼자에게 매각하기도 쉽지 않다. 그래서 본인 건강이 좋을 때 법인을 청산하고 배우자와 그동안 못한 여행 등을 하면서 여생을 보내고자 한다. 그런데 막상 법인을 청산하려고 하니 절차도 복잡하고, 세금이 많이 발생한다고 해서 고민이 많다. 청산을 위해서 홍길동 씨는 무엇을 준비해야 할까?

홍길동 씨의 고민을 덜어 주기 위해서는 먼저 청산에 대해 알아보자.

법인의 청산은 영위하고 있던 법인의 존재를 소멸시키는 절차를 말하는데, 개인사업자의 폐업과는 다른 개념으로, 법인 청산은 상법상의 규정에 따라 진행이 되는데 모든 절차를 완료해야 비로소 법인 청산을 완료하게 된다.

법인의 청산은 회사 주주들 사이에 이해관계 충돌이 있을 때 필요한 절차이다. 주주들 간의 분쟁이나 이견으로 사업을 진행할 수 없는 상황에서는 강제로 폐업하는 단계인 청산이 필요하다. 강제로 청산하는 과정에서 잔여 재산이나 채무를 분배해야 하는 경우에도 법인 청산 절차를 거쳐야 한다.

법인 청산 절차는 「상법」의 규정에 따라 다음의 과정을 거쳐야 한다.

첫째, 주주총회를 열어 해산 결의를 해야 하는데, 주주들이 해산에 동의해야 절차를 진행할 수 있기 때문이다. 그리고 주주총회 진행자를 선정하는데, 일반적으로는 현 대표이사가 되는 경우가 많지만 제삼자를 선임하는 것도 가능하다.

둘째, 해산 결의 이후에는 집행자를 선정하는데, 일반적으로는 현 대표이사가 되는 경우가 많지만 제삼자를 선임하는 것도 가능하다. 그리고 선임된 집행자를 등기 후 해산 등기를 완료하고, 집행자는 해산 과정을 책임지며, 관련 서류를 작성하고 등기부에 신고해야 한다.

셋째, 진행된 해산 등기 이후 2개월 이내에 해산 공고를 신문에 2회 이상 게재해 채권자들이 채권 신고를 할 수 있도록 해야 한다.

넷째, 채권자들에게 정해진 기간 내에 채무 변제를 해야 하고, 잔여 재산이 남은 경우에는 주주들에게 재산을 분배해야 한다.

다섯째, 채무 변제가 완료되면 결산보고서를 작성하여 주주총회의 승인을 받고 회사 정리 종결 등기를 신청해야 한다.

법인 청산 시 배당소득세를 줄이고 싶은데 어떻게 하면 되나요?

법인을 청산하는 과정에서 법인세와 배당소득세 문제가 발생하는데, 법인세는 사업연도에 대한 법인세와 청산소득에 대한 법인세가 각각 발생한다. 배당소득세는 법인세를 모두 납부한 후 잔여 재산을 주주들이 분배받을 때 신고 납부하게 된다.

여기서 가장 부담스러운 부분이 잔여 재산에 대한 배당소득세인데, 이 부분에 대한 이해를 돕기 위해 예를 들어 설명하겠다.

현재 법인의 주주 2명, 지분율 50%씩 동일하다. 그리고 잔여 재산 20억 원인 상황에서 청산을 한다면 주주 1인당 10억 원을 배당소득으로 받고 배당소득세와 건강보험료를 납부해야 한다.

이 경우 배당소득세는 1인당 최소 3억 2,396만 원(다른 소득이 있어 합산과세 된다면 더 높은 세율이 적용되어 배당소득세도 상승하게 됨)이고, 2명이 6억 4,792만 원을 납부해야 한다. 전체 배당금의 약 32%를 세금으로 납부해야 하므로 부담이 클 수밖에 없다.

그럼 어떻게 하면 홍길동 씨는 세금을 줄일 수 있을까?

첫째, 청산 전 주주를 늘리는 것이다. 주주가 2명이 아니라 4명이라면 1인당 배당소득이 5억 원이고, 그에 대한 배당소득세는 1억 4,062만 원이다. 그리고 4명이면 5억 6,248만 원이 되어 전체 배당금의 약 28%로 감소하며, 배당소득세 절세액도 8,544만 원에 이른다.

만약 주주를 더 늘린다면 배당소득세 감소 폭은 더 커질 것이다. 물론 이 과정에서 증여세는 별도로 발생할 수 있다. 그렇기 때문에 법인의 출구 전략으로 청산을 고려하고 있다면 증여세 절세를 위해서도 기업 가치가 낮을 때 주주를 가족 여러 명으로 분산하는 것이 합리적이다.

청산 시 배당금과 소득세

[단위: 천 원]

구분	배당금	
1인당 배당소득	1,000,000	500,000
GROSS-UP	98,000	48,000
배당소득금액	1,098,000	548,000
세율	45%	42%
산출세액(*)	421,960	188,620
배당세액공제	98,000	48,000
납부할 세액	323,960	140,620

* [(2,000만 원×14%)+(10억 7,800만 원×45%-6,594만 원)]=4억 2,196만 원
  [(2,000만 원×14%)+(5억 2,800만 원×42%-3,594만 원)]=1억 8,862만 원

둘째, 매출을 발생시키지 않고 일정 기간 법인을 유지하다가 청산 절차를 거치는 것을 생각해 볼 수 있다. 그리고 그 기간 동안 법인을 관리하면서 이익잉여금을 가족인 임원의 급여로 받는다면, 청산 시 많은 금액을 일시에 배당금으로 수령하는 것보다 세금 부분에서 유리할 수 있다.

사례로 배우는
법인 성공 노하우

초판 1쇄 발행 2025년 3월 15일
초판 2쇄 발행 2025년 5월 20일

지은이 양희정
펴낸이 이지은 **펴낸곳** 팜파스
진행 이진아 **편집** 정은아
디자인 조성미
마케팅 김민경, 김서희

출판등록 2002년 12월 30일 제 10-2536호
주소 서울특별시 마포구 어울마당로5길 18 팜파스빌딩 2층
대표전화 02-335-3681 **팩스** 02-335-3743
이메일 daerimbooks@naver.com

값 22,000원
ISBN 979-11-7026-703-4 (03320)

ⓒ 2025, 양희정